インサイト

Consumer Insight

消費者が思わず動く、心のホット・ボタン

桶谷功 著

ダイヤモンド社

はじめに

人は、なかなかホンネを話さない。

その典型的な例をご紹介しよう。それは、ある新製品についてのグループ・インタビュー（座談会）を見ていたときのことだ。

座談会場には、調査会社の司会者と数名の消費者（対象者）だけが入り、話し合う。座談会場の壁には大きなマジックミラーが取り付けられていて、メーカーや広告代理店の担当者などは、隣の部屋から鏡越しに話の成り行きを見守る。

この日の座談会も司会者の仕切りのもと、「この点はいいと思います」「ここは、こういうふうに変えたほうがいい」など、理路整然と話し合いが進んでいた。ところが、話し合いの途中でたまたま、司会者がトイレか何かの急用で部屋を出た。そのときである。鏡の向こう側（座談会場）で、とんでもないことが起きたのは。

司会者がいなくなったとたん、対象者たちがホンネで自由気ままに話し出したのだ。「この商品は売れないと思うな」「いままでのと変わらない」「私には必要なさそう」といった声が飛び交ったのである。

さっきまでの話し合いはいったい何だったのだろう、という感じだ。もし、司会者がいるときの発言だけを元にして新製品を出したとしたら……。想像するのも恐ろしい。司会者が部屋に戻ってくると、何事もなかったかのように話し合いが再開されたから、一同苦笑いだ。

グループ・インタビューが終わったあとの廊下やトイレでも似たようなことがあった。対象者たちは会場から出たとたん、気を緩めてホンネを話し出すのだ。たまたまエレベーターで対象者と一緒になったときのこと。女子高校生二人が、「あれ、いいよね」「いつ出るんだろう」と大騒ぎだった。グループ・インタビューではそこそこの評価だったにもかかわらず、である。

この例は、けっしてグループ・インタビューという調査方法を否定するものではない。こういうことも起きるぐらい、人はなかなかホンネを話してくれないものだということをわかっていただきたかっただけである。

この本では、消費者が話さない、あるいは消費者自身も気付いていないような「ホンネ」をいかにして知るか、どうやってマーケティング活動に活かしていくかをお話ししたい。

インサイトとは、ひと言でいえば消費者の「ホンネ」。それは、消費者に購買行動を起こさせる「心のホット・ボタン」だ。ここを押されると、消費者は思わず行動を起こす。場合によっては、習慣さえも変える。だから、インサイトを見つけ出し、マーケティング活動によってその「ホット・ボタン」を押すことができれば、売上げを大きく伸ばすことができる。いままでの常識にとらわれて閉塞している状況を、一気に打開する力を持っているのだ。

その意味で、インサイトは次のような状況を解決するとき、非常に役に立つ。

- 担当している製品・サービスの売上げが伸び悩んでいる。あるいは、頭打ちになっている。いままでどおりの活動で売上げを伸ばすのは難しいと感じている。
- 業界全体が伸び悩んでいる、あるいは縮小する傾向にあり、いままでどおりの活動では状況を打開できないと感じている。
- 競合他社のブランドや製品が優位にあって、その壁を乗り越えられないでいる。
- 新製品を開発するとき、どういうものが消費者をとらえるのかわからなくなってきた。
- 企画を立てなければならないが、よいアイデアが浮かんでこない。
- 販売促進活動はいつも同じようなものばかりで、マンネリ化している。
- いままでのマーケティングは効果があまり上がっていない。マーケティング・プランに沿って活動しており、間違ったことはしていないと思うが、状況を打開できないでいる。

インサイトの考え方は、マーケティングの発想を根本的に変える。いままでが「人は論理的にアタマで考えて商品を買う」という考え方だったとしたら、インサイトは「直感や気持ちで商品を買う」というスタンスを取る。また、マーケティングが、「失敗しないための無難な結論」を導くのに対し、インサイトは、「状況を打開するための大胆な結論」を導き出す。

この本は、アタマで学ぶための、勉強の本ではない。実際にビジネスを成功させるための、実践の本である。だから、マーケティングや戦略プランニングの本にありがちな教科書的で抽象的なものにならないよう、読んでいて実感が湧くたとえ話や成功例を元に話を進めたい。というのも、インサイトは眉間にシワを寄せて読んでいてはとうてい見つからないものだから。だから、気持ちをふにゃふにゃさせて、おもしろがって読んでいただけたらと思う。そうすれば、実際のビジネスの場でインサイトを探り出し、活かす方法が見えてくるはずである。

私は、J・ウォルター・トンプソン・ジャパンという外資系の広告会社で一五年間アカウント・プランニングの仕事に携わってきたが、そのなかで実際に担当したブランドや製品を扱う。やはり、自分が戦略や広告の開発に関わったものでないと、インサイトを導き出すまでのプロセスや結果を活き活きと紹介できないと考えたからだ。

みなさんも日々ご経験されているように、私にとっても、仕事がすんなりと障害もなく進むことは奇跡に等しい。怒ったり泣いたり、毎日が騒がしいことこのうえない。ぜひ、実際の苦労話などのエピソードもお話ししたい。そして、インサイトをめぐる「冒険物語」を一緒に体験することができたら、と思う。以下、簡単に構成をご紹介しよう。

●**第1章**：インサイトとは何かを説明する。消費者インサイトという考え方がなぜ注目されるようになったのか、その背景をお話しすることで、いままでの消費者分析の限界を明らかにする。40ページの「インサイトを見つけるためのスイッチ」で、第2章に進む前にぜひ、気持ちを切り替えてほしい。

●**第2章**：仮説の立て方から使えるインサイトの見極め方、どう活用するかにいたるまで、一連のプロセスを紹介する。調査さえすればインサイトが見つかると思ったら大間違いで、手法や解釈がとてつもなく大切だ。主観的で質的なインサイトという発見を核にして、いかにマーケティングという客観的で定量的なプランに組み立てていくかを紹介する。

●**第3章**：新しいマーケットをつくる、ターゲットを見直してブランドを復活させる、値下げ競争から抜け出す——多くの人々が抱えている典型的な問題を取り上げ、インサイトを利用した解決方法を紹介する。

●**第4章**：ハーゲンダッツのケーススタディを取り上げる。子供向けがほとんどだったアイスクリーム市場に、インサイトを利用してプレミアム・アイスクリーム市場をつくり、この一〇年あまりでシェア八〇%を獲得した、そのブランドの成長を追っていく。

●**第5章**：シックのケーススタディを紹介する。競合との差別化が難しい「替刃式カミソリ」市場でどうやってシェア六〇％を維持しているのか。「キレてなーい」「すげぇよ！」などのテレビCMの裏にどういうインサイトが隠されているのかを探る。

最近、マーケティングや広告業界では、インサイトという言葉があっという間に広がった。「これのインサイトは何？」「インサイトを、ちゃんと見つけたのか？」といった具合だ。

しかし、言葉だけが独り歩きしていて、考え方までが浸透しているとはいいがたい。消費者に目を向けたのか、程度のニュアンスで使われている場合も多い。ぜひ、ここでインサイトの本質を理解し、使いこなすだけのスキルをいち早く身に付けていただきたいと思う。

インサイトを探ることには、知的冒険ともいうべき楽しい側面がある。ワクワクするようなおもしろさがある。仕事であっても、楽しみながら「本当のところ、人はどんなふうに思っているんだろう」と好奇心満々で向かっていったほうが、いいインサイトが見つかる。この本もそういう気持ちで読み進めていただけると幸いである。

二〇〇五年一月

桶谷　功

インサイト　消費者が思わず動く、心のホット・ボタン　目次

第2章 インサイトの見つけ方、活かし方

終章 本書のまとめ 207

第1章

インサイトが マーケティングを変える

1 インサイトとは何か

インサイトを探る——それは消費者の気持ちを見つけ出すことだ。

本来は「消費者インサイト」という言葉だが、この本では短く「インサイト」と呼ぶことにする。直訳すると「洞察」だが、わかりやすくいえば、消費者の「ホンネ」である。行動や態度の奥底にある、本当の気持ちのことだ。最近、マーケティングや広告の世界でやたらと耳にするようになったが、まだ曖昧に使われていることも多い。ただ、この言葉は急速に広まりつつある。そのうち、「ターゲット」や「コンセプト」と同じようにだれもが普通に使う言葉になるかもしれない。

インサイトの考え方には、実はみんなが普段から知らず知らずのうちに接している。雑誌などで「男のホンネ」「女のホンネ」といった特集をよく見かけるが、あれなどまさに男女関係のインサイト。相手の言うことやすることから深層心理を探ろうとしている。それは、言葉が本当の気持ちを表しているとは限らないことを知っているからだ。

私が友達から「相談に乗ってほしいことがあるんだけど」と切り出されたときのこと。相談に乗ってほしいと言うからには何らかのアドバイスを求めていると思い、いろいろ話をした。しかし、相手が望んでいたのは、単に話を聞いてもらうことだった。自分なりの結論はすでに出ていて、それに賛成してほしかっただけ。結局、感謝されるどころか、「どうして話を聞いてくれないの」と思われてしまっただけだった。言葉に込められた本当の意味を理解するのは、実に難しい。

同じように、仕草から相手の深層心理を知る、といったテーマもよく話題になる。たとえば、腕を組むのは警戒心の表れだったり、怒りなどの感情を抑えていることの表れだったりする。顔や腕など自分の身体に触れるのは不安の表れだったり、早口になるのは嘘をついている証しだったりする。

人はホンネを簡単に話してくれるわけではないし、当の本人が自分の深層心理に気付いていないことも多い。だから、仕草や行動から読み取ろうというわけだ。『話を聞かない男、地図が読めない女』『嘘つき男と泣き虫女』（ともに主婦の友社）などの本がヒットしたのも、同じ理由からだろう。

こんなふうに日常生活では、みんなインサイトを探っている。直感を働かせて、本当の気持ちを知ろうとしている。インサイトとは、いろいろ直感を働かせて探り出したホンネのことなのだ。

理屈が直感を鈍らせる

親しい人のホンネを知ることでさえ大変なのに、消費者の気持ちを理解するのはどれほど難しいことか。データをちゃんと分析しているのにモノが売れない。熱心に消費者の声を聞いているのに満足してもらえない。トレンドをいつもチェックしているのに、なぜか的を外してしまう……。

どうして、ビジネスになると直感が働かなくなるのか。人の気持ちを頭で考え、理詰めでとらえようとしてしまうのか。

一つには、ビジネスは客観的であらねばならないという、「神話」があることだろう。まさか直感で物事をとらえたり決断を下したりするわけにはいかない。データがないとまわりも上も説得できない。みんなそう信じている。とくにマーケティングは客観的な数字をもとにする科学だから、非科学的な考え方は排除されてしまいがちだ。

マーケティングはそもそも、戦争で勝つための戦略をビジネスに転用したものだ。領土の代わりにユーザーやシェアを占有したり、エリア・マーケティングという局地戦に置き換えたりしているだけである。だから、基本的には物量がモノをいう。兵力や武器の代わりに、広告やプロモーションの投下量が勝敗を分けると考える。

これらは、数量的に法則化されたものだ。一定の投資によってどれだけの成果が期待できるかを、数字で結果を予測し検証できる、だれもが納得できる活動をよしとする。担当者が入れ替わっても失敗せず、同じ成果を得られることを目指している。つまり、リスクの最小化が目的なのだ。しかし、だれもが受け入れられるものから突出したアイデアは生まれない。当たり前の結論と、常識的な活動が待っている。また、方向性は正しくても、数字で検証できないことは通らない。

もちろん直感だけで最後まで意見を押し通したり、最終決定を下したりするわけにはいかない。だからといって、客観的な数字に基づいてピント外れの結論を出していては元も子もない。数字の奥にある本当の意味を掘り下げないと、理解が表面的になってしまう。

二つめは、つい企業側からの発想で消費者を見てしまうことだろう。たとえばメーカーであれば、モノが起点になりがちだ。これだけの技術革新があるのだから消費者も驚きをもって受け入れてくれるはずだと思ったり、消費者から見ればわからないような違いを大きな差別化ポイントだと思い込んでしまったりする。

しかし、普段生活しているときのことを思い出し、いち消費者の立場に戻ってみればすぐわかることだ。何かを買うとき、いつも細かな点まで比較して論理的に判断しているとは限らない。なんとなく買い物かごに放り込んだり、こっちのほうがカッコいいかな、くらいの感覚で選んだりすることも多い。けっして理性だけで動いているわけではない。ところが、仕事で関わる商品となると、きちんと論理的に吟味されるかのように思ってしまう。

消費者の気持ちを知るには、いったん自分の関わっている製品やカテゴリーのことを忘れなければならない。消費者はつくり手とは違って、一日中その製品のことを考えているわけではないのだから。

消費者が思わず動く、心のホット・ボタン

それでは、消費者のホンネはどこにあるか。氷山を例にして説明しよう。海面から上に浮かんでいるのが行動や態度などの見える部分。なぜそういう行動を取るのかという見えないホンネが、海面下に沈んでいる部分だ。こうした気持ちや感情には、消費者自身も気付いていなかったりする。

たとえば、「緑茶飲料が売れている」(消費者が選んでいる)、「郊外のアウトレット店が繁盛し

ている」（人が集まっている）とか、「ラップが流行っている」（消費者が聴いている）など、消費者が実際に行動していて数字で表しやすい現象面が、海面から上の部分だ。

一方、水面下には、その商品を選ぶのはどういう気持ちからなのか、その店に殺到するのはどういう気持ちの表れなのか、その音楽はどういう気分にさせてくれるからなのか、といった消費者のホンネがある。

ただ、ホンネのすべてがインサイトかというと、そうではない。ブランディングやマーケティング活動、コミュニケーション活動などのアクション（施策）につながるものに限られる。そうでないものは、いくら消費者のホンネであってもインサイトではない。

インサイトの本質は、消費者に行動を起こさせる点にある。インサイトは、いわば消費者の「心のホット・ボタン」なのだ。

そのボタンを押されると、消費者は気持ちを揺り動かされて態度を変える。行動を起こす。場合によっては、習慣さえも変える。単に、そのブランドや製品を好きになるというだけではない。購入という行動を起こしてくれる。インサイトは、消費者に行動を起こさせるスイッチであり、インサイトを探り出すことは、そのスイッチがどこにあるかを明らかにすることだ。

もとはといえばインサイトは、アカウント・プランニング――欧米の広告会社がより効果的な広告クリエイティブ（映像やコピーなどの表現）を開発するために生み出した考え方――から始まったものである。それがいまでは、マーケティング活動全体を考えるうえで欠かせないものとなった。

いずれにせよインサイトは、だれも気付かなかった消費者のホンネを見つけ出し、大胆で画期的な結論を導き出すものだ。つまり、市場が伸びない、売上げが頭打ち、強力なライバルに押されているといった閉塞した状況を一気にブレークスルーする（突破する、打開する）ことを目的としている。

インサイトはまた、チームや関係者をワクワクさせ、勇気付ける旗印となる。だれもが「消費者はそう思っていたのか」という発見を共有でき、消費者が動くホット・ボタンが見つかれば、画期的な施策のアイデアが具体的に湧いてくるからだ。そこが、理屈だけでつくられた、「正しいかもしれないけど、それで売れるのか。具体的にはどうすればいいのか」という疑問が湧いてくるマーケティング戦略との大きな違いである。

いまでは、メーカーやさまざまな企業で、マーケティング戦略にインサイトの考え方を取り入れるようになった。その定義付けは各社各様であるが、「企業活動に活用できる消費者心理」という点では共通している。

2 いまなぜ、インサイトなのか

インサイトという考え方が注目されるようになった背景の一つには、消費者がだんだん「自分の気持ちをわかってくれる」モノを選ぶようになってきたことが挙げられるだろう。

ご存じのように、いまの消費者は機能だけでは選んでくれない。画期的な新製品ならいざ知らず、ささいな差別化などには目もくれない。かといって、感性に訴えかければいいかというと、そうでもない。モノを離れた単なるイメージは薄っぺらで、自分の気持ちを満たしてはくれないことをよく知っているからだ。

とはいいながら、消費者は「なんか、好き」「しっくりくる」といった、論理的でも何でもない気持ちや感情で商品を選ぶ。人は必ずしもアタマで論理的に考え、合理的に判断するのではないことがわかってきた。もっと、好き嫌いや直感で動くのだ。

では、「好き」「しっくりくる」といった感情はいったいどこから生まれるのだろう。それは、

「この商品は私の気持ちをわかっているなあ」といった共感から生まれる。そして共感は、「モノ」と消費者の「気持ち」が結び付くところから生まれる。モノのアピールだけでもない。気持ちへのアピールだけでもない。モノと気持ちが結びついて初めて共感は生まれるのだ。

これはアルコールなどの嗜好品や、クルマのような高額商品に限ったことではない。カミソリのような、「ヒゲがきれいに剃れる」という機能にしか関心を持たれないカテゴリーでさえ、共感が消費者を動かし、売上げに結び付く。

消費者の気持ちがわからなければ、共感をつくり出しようがない。だから、消費者のホンネを見つけるインサイトの考え方が注目されるようになってきたのだ。

消費者を細かく分けすぎた？

消費者のニーズや好みが多様化しすぎて一つひとつ対応が難しくなってきたことも、インサイトが注目されるようになってきた理由に挙げられるだろう。

たとえば、ある製品のデザインを開発するとしよう。消費者はどんなイメージを好むだろう。これこそ十人十色だ。「派手」なのが好きな人もいれば、「落ち着いた」のが好きな人もいる。「キュート」なイメージに惹かれる人もいれば、「メカニック」な感じに目がない人だっている。

ほかにも「ナチュラルな」「ソフトな」「クールな」「あたたかい」など、好まれるイメージはいくらでもある。いちいち対応していたら、製品ラインの数はいくつになってしまうのだろう。

これまでの消費者分析では、消費者をニーズや志向性でグループ（クラスター）に分けてきたが、価値観や好みが多様化してくると、グループの数が増えすぎてしまう。すべてのグループに対応するのは大変だ。一番大きな（人数の多い）グループとか、上位三グループをターゲットにしよう、といったことになる。

その結果、どういうことが起きるだろう――どのメーカーも同じような無難なデザインを採用することになる。平均的な人間をターゲットにした、平均的な製品だ。

インサイトの考え方では、もう一度、人を大きくとらえようとする。

製品デザインの場合でいえば、好みよりも、選ぶときの気持ちに目を向ける。キュートさを好む人にもメカニックなデザインを好む人にも共通する、奥底にある感情や気持ちはどういうものかを探り出そうということだ。「人に見られたとき、センスがいいと言われたい」とか、「自分の個性を出したいけれど、目立ちすぎるのはイヤ」といった気持ちだ。だれもが（みんながみんなではないけれど）心の中で思っている気持ちを見つけ出そうとするのだ。

もちろん、同じ商品でも気持ちや用途がまったく異なる場合には、ある程度グループ分けをすることもある。たとえば、若い女性は「センスがいいと言われたい」、中高年男性は「仕事のできる男と見られたい」と考えているケースなど。

いずれにしても、インサイトの考え方は、細分化（グループ化）されすぎた消費者を大きくとらえ直そうというものだ。平均値を出すのではなく、もっと本質的な共通点を見つけ出そうという考え方だ。

マーケティング活動は見透かされている

最近のグループ・インタビューでは、高校生も主婦も、「コンセプトはいいんだけど」「ターゲットがはっきりしない」といったマーケティング用語を普通に話す。テレビ番組や雑誌などでさまざまな舞台裏が取り上げられたこともあって、商品がどうやって開発され、広告がどのようにつくられるか、実によく知っている。

その結果、消費者は簡単には商品や広告を信じなくなった。そして情報源を使い分ける。たとえば、テレビCMで新製品の発売を知っても、インターネットで評判を確かめたり、そのジャンルに詳しい友人に聞いたりしてから、買うかどうかを決める。情報を鵜呑みにはせず、ネットや友達という客観的で中立的なスクリーニング（ふるい）にかけてから判断する。

また、座談会などでは、まるで評論家になったかのように発言する。「若者をターゲットにするんだったら、もっとカッコいい感じにしなきゃだめなんじゃないの」「自分がつくるんだったら、こうするな」など。自分にとってどうかというより、つくり手側を採点するようになった。これも、消費者が商品や広告がどうやってつくられるのかを知ってしまったためである。

そんな状況を逆手に取ってか、ひと昔前、「高校生との共同プロジェクト」と称した新製品開発が流行ったことがあった。高校生に商品開発に参加してもらい、味もパッケージも彼らの好みどおりにつくって、「あなたたちの好みがわかる、同じ高校生がつくった飲料ですよ」と訴えかけたのだ。しかし、結果はあまり芳しくなかった。高校生はあっさりと狙いを見透かして、「あざといな。高校生がつくったからって、自分が好きになるかどうかは別」と冷ややかだった。

このように、いまの消費者はつくり手側の意図をすぐ見透かしてしまう。そして狙いがわかると、一歩引いて批判的に見る。その壁を乗り越えるには、気持ちに踏み込むしかないだろう。企業活動だとわかっていても、「そうだよな」とつい心を許してしまうような共感が必要なのだ。

余談になるが、ある意味で日本の消費者は世界で最も進んでいると思う。評論家的で、情報を選別する消費者だ（もちろん、ブランド品に群がる未熟な一面もあるのだが）。私が勤める広告会社の欧米のオフィスにいるプランナーと話をしたときのこと。私が「日本の消費者は、製品や広告がどうやってつくられるかよく知っている。だから簡単には信じないし、批評する」と言うと、みんな一様に驚く。「高校生や主婦が？　ウソだろ？　やっぱり日本って変わってるんじゃないの？」という反応だ。

アメリカやイギリスなどでも、日本よりは広告で言っていることを信じてくれるという。そんな欧米でさえ、アカウント・プランニングやインサイトの考え方を生み出し、活用しているのだ。日本でこそ、手強い消費者の気持ちをつかまえるために、インサイトの考え方を取り入れるべきだと思うのだが、いかがだろうか。

インサイトはブランディングに欠かせない

インサイトが注目されるようになった背景には、ブランディングの考え方が広まってきたことも挙げられるだろう。

製品が消費者の外にあるモノだとしたら、ブランドは消費者の心の中に出来上がるイメージ、正確に言えば認識（パーセプション）だ。その認識の集まりこそがブランドであり、ブランディングとは消費者との心の絆（結び付き）をつくることにほかならない。つまり、「好き」という感情的な思い入れや共感をつくることだ。まさにインサイトの考え方と同じである。

ブランドは、人間に喩えることができる。生まれや育ち（歴史）もあれば、性格（パーソナリティ）もある。洋服（パッケージ）もいろいろで、広告やプロモーションを通して人と話もする。

現実の人間関係と同じように考えれば、話をするとき相手（消費者）が自分のことをどう思っているか、興味を持ってもらうにはどうすればいいかを考えるだろう。まさか自分の長所をまくしたてたり、名前を連呼して覚えてもらおうとしたり、理屈ばかりこね回したりはしないだろう。相手が興味を持っていることや気持ちをわかったうえで話をしなければ心に届かないし、心のつながった関係をつくれない。

ブランディングとは、心の中に残るものをつくることでもある。「ブランド資産」（ブランドから連想されるもの。あるいはそのブランドを思い起こさせるもの）を消費者の心の中に残す。究極には、一度見たり聞いたりしただけで心に残るもの、さらにはずっと記憶に残るようなものをつくり出そうということだ。

みなさんにも思い出に残る言葉、絵、音楽、本、映画などがあるだろう。それらと出合ったときのことを思い出してほしい。きっと、そのときの気持ちをしっかりとつかまえていたに違いない。人生に悩んでいたとき、目の前をぱっと広げてくれた本。あるいは恋をしていたときに見た、喜びがさらに深まるような映画……。それらは時間が経っても色褪せることはないだろう。

マーケティング活動も同じだ。消費者の気持ちをとらえているほど、長く記憶に残る。それは、ブランド資産をつくることにつながる。そして、店頭で購入するときの後押しになり、ひいてはロングセラーを生み出すことにもつながるのだ。

ブランディングというと長期的に築き上げていくものと思われがちだが、現実には、短期的にヒットしなければ市場で生き残ることができない。だからこそ、消費者を購買行動に駆り立てる心のホット・ボタンを押し、短期的に売上げを伸ばすことが、ブランド構築には欠かせないのだ。

インサイトがあれば、ブランディングは単なるイメージづくりではなくなる。モノと気持ちを結び付けることで共感を生み出し、消費者が思わず購買行動を起こすようにブランディングをすることができる。短期的な売上げと長期的なブランディングは、もはや相反するものではなくなった。第4章・第5章のケーススタディで詳しくお話ししよう。

あらゆるマーケティング活動に応用できる

共感はモノと気持ちの接点から生まれるが、マーケティング活動もまた、消費者との接点である。そこで消費者は何らかの気持ちを抱く。だから、あらゆるマーケティング活動にインサイトの考え方を活用できることがわかってきた。

たとえば、クレジットカード。消費者は毎日持ち歩いて使うだけでなく、ときにはサービスカウンターに行くし、コールセンターに問い合わせることもある。請求書が毎月来るし、そこに同封されたカタログや会員誌にも目を通すだろう。テレビCMや新聞広告、街を歩いていれば看板も目にする。それらすべての接点で感じたこと、体験したことを通して、このカードは好きとか嫌いとかを判断するのだ。

カード会社は消費者を引き付けようと、いろいろ工夫を凝らしている。カードのデザイン、各種サービス、ホテルや飲食店との提携、ポイント制などのロイヤルティ・プログラム、通販やインターネットでのショッピング、新しい支払い方法、キャッシングなど実に多岐にわたる。そうした各々の接点で、消費者は実際のところ、どういう気持ちでいるのだろう。それがわかれば、どういう活動をすればいいのかが見えてくる。

たとえば、人前でカードを使うとき、「ゴールドカードは気分がいい」「二〇〇〇円程度の買い物だと気がひける」と感じたりする。請求書が届くと、「年会費が高いなあ。いっぱい持っているカードをどれか整理しなくちゃ」「そもそもこのカードって必要かな」と思ったりもする。

請求書に同封されているリーフレット。どうせいつもと同じような内容だろうと、一瞬のうちに判断してくずかごへ。でも、「お得情報」とか「メンバー限定」とか書かれていると、つい手が止まる。あるいは、会員特典でホテルに安く泊まれたり、空港のラウンジが利用できたりすると、急にそのカードを好きになったりもする。

ほんのささいな接点でも、消費者は無意識のうちに何らかの気持ちを抱いている。だから、その気持ちがわかれば、どんな活動が望ましいのか、具体策が見えてくるだろう。

3 いわゆる消費者分析との違い

消費者を知ることはこれまでのマーケティングでも大切だと考えられてきたし、いままでさまざまな方法で消費者を分析してきたではないか。消費者のニーズを探り出し、そのニーズを満たすベネフィット（便益）を見つけてきたではないか。こういう疑問を持つ方もいるのではないだろうか。

最後に、いままでのマーケティングで行ってきた消費者分析とインサイトでは何が違うのかについてお話ししていこう。

まず一つには、人のとらえ方が根本的に違うということ。

従来の消費者分析では、人は「アタマ」で論理的に考え、合理的に判断し行動する、というとらえ方をしてきた。製品を選ぶときも、最も性能が優れているのはどれか、性能が同じなら付加機能を比較する、と考える。だから、ポジショニングやベネフィット、そこから抽出した

USP（Unique Selling Point：ほかにはない売りのポイント）を重視する。消費者にUSPを伝えれば、合理的に判断し、選んでくれるという考え方だ。あるいは、商品名を覚えさせ、ほかの商品より優れていることを理解させれば、自動的に一定の割合でその商品を選ぶと考える。はたしてそうだろうか。人間は、そんなに論理的な生き物だろうか。

それに対してインサイトでは、人は気持ちや感情といった「ココロ」で判断し行動する、というとらえ方をする。製品を選ぶときも直感や好き嫌いといった感情で選ぶ、と考える。だからプロポジション（Proposition：消費者を口説く、ブランドや製品からの提案）を大切にする。それは人の気持ちをとらえ、人と製品との間に共感点をつくり出すものだ。機能を伝える場合でも同じである。消費者に行動を起こさせる「心のホット・ボタン」を押そうということだ。

インサイトの考え方は、直感や感情といった曖昧なものをテーマとして扱う。そういう意味では、非科学的に聞こえるかもしれない。しかし、アカウント・プランナーの第一人者であるジョン・スティールはこう言っている。

「最新の量子物理学では、電子の位置は『ここ』と特定できるものではないという。このあたりのどこか、もしくはこのあたりのどこにでも電子はあるという曖昧さではないか」

科学の最先端で曖昧さが認められている。インサイトの考え方もまた、計算では出せないような人の気持ちを探ろうとする。それは、いままでのマーケティング手法をすべて否定するわけではない。ただ、人はアタマだけでなくココロで行動する。そういうとらえ方をするということだ。

細かく知るか、核心に迫るか

消費者分析とインサイトでは、人をどう知りたいのかがまったく異なる。

消費者分析では人をさまざまな要素に分解し、いろいろな角度から細かく見ることが目的となっている。だから、まず最初に人を分類する。ブランドを知っている人、知らない人。使ったことがある人、ない人。たまに使う人、頻繁に使う人。そのブランドだけを使う人、他ブランドも使う人……。

次に、分類した人を要素ごとに分解する。性別、年齢、収入はもちろん、どんな価値観やライフスタイル、趣味嗜好、購買行動の志向性を持っているかまで、細かく分ける。そして、それぞれのグループ間でどういう違いがあるかを洗い出していく。

しかし、どれだけ細かく調べても、なぜその商品に魅力を感じるのか、どういう気持ちが根底にあるのかといった、心の奥底にあるホンネは見つからない。ターゲットについて細かい属性を羅列することはできても、核心は何か、どの属性をとらえれば消費者を動かせるのかは見えてこない。

一方、インサイトでは人の気持ちを深く掘り下げ、核心は何なのかを見つけ出そうとする。一番の問題点は何か、どの気持ちをつかまえれば好感を持ってくれるのか、買ってくれるのかという心のホット・ボタンを探すわけだ。

出発点はあくまで人であって製品ではない。人はその製品のユーザーかどうか以前に、さまざまな気持ちや感情を持って生活をしているととらえる。そのなかでブランドや製品をどう思っているのかを掘り下げていくのだ。たとえば、炭酸飲料について調べるなら、よく飲む人、たまにしか飲まない人というように、炭酸飲料から人をとらえない。

炭酸飲料を飲むとスキッとするとしたら、いったん炭酸飲料を離れて、その気持ちに目を向ける。人はどんなとき解放感を感じるのか。ターゲットが一〇代なら、彼らが解放感を感じる瞬間を探る。ルールを破ったときか、サッカーの応援で盛り上がっているときか、仲間とまったりしているときか。そんななかで炭酸飲料はどう思われているのだろう、というように考えていく。

人が関心を持っていることや、抱いている気持ちを先に探り、それと製品が結び付く接点、ホット・ボタンを見つけ出すのだ。

インサイトの考え方でもユーザー分析を行うことはある。どういう人がその製品を使い、どういう人が使ってないか、あるいはユーザーとノンユーザーで製品に対する認識がどう違うのかを知っておく必要はある。また、ユーザーがどういう気持ちからこの製品に興味を持ち、魅力を感じたのかを掘り下げる場合もある。逆に、ノンユーザーが、魅力に感じないのはなぜか、どういう気持ちが障壁になっているのかを探ることもある。

いずれにしても、人の分類にとらわれず、消費者が持っている気持ちを深く掘り下げる。そして、核となるホット・ボタンは何かを一つに絞り込むことを目標とする。

量で考えるか、質で読み解くか

次の違いは、人を量的に数字で分析するか、質的に解釈するかである。

いままでの消費者分析では、基本的に人を数字でとらえる。Aというタイプが何パーセントで、そのうち何パーセントがこう行動している、といった具合に。そして、その集団の特徴を表すとき平均値を使う。つまり、平均的な人物像を描くわけだ。たとえ人をクラスター（グループ）に細分化したとしても、グループAは「年収がやや高めで品質を重視している」、グループBは「若い人が多く、アクティブなライフスタイルを持っている」というように、平均値を描き出す。

しかし、人を本当に数字だけでとらえられるのだろうか。平均値は平均値でしかないのではないか。その素朴な疑問からインサイトの考え方は生まれている。

インサイトを見つけ出すとは、数字では表せないような、奥底にある気持ちや感情を探り出すことだ。消費者自身も意識していないような奥底に、人の行動を決める気持ちが潜んでいるのではないかと考えるわけである。だから、大量の人を分析するのではなく、一人の「個人」を探ることから始める。個人の気持ちや感情を探っていき、そこから、クラスター（グループ）の属性が違っていても、だれもが共通して持っているような本質的な気持ちを見つけ出す。

また、消費者分析の限界は、調査上にもある。定量調査では、言葉で表現したものしか数値化できない。だから、言葉で表せないもの、消費者が無意識に思っているようなことは無視されてしまう。いくら多くの消費者が抱いている気持ちであっても、見つけることはできない。

最近では、「潜在意識調査」といった手法も出てきている。あらかじめ用意されたたくさんの人物写真と調査したいブランドや製品を組み合わせてもらい、潜在的にどういうイメージや気持ちを抱いているかを数量化する調査手法だ。意欲的な試みではあるが、潜在意識の種類が限定されており、まだ十分とはいえないだろう。

この限界は心理学という科学にも当てはまる問題ではないだろうか。アメリカを中心とした（日本もその影響を大きく受けている）行動心理学では、科学である以上、数字で検証されないものは、「人にそういう気持ちはない」と除外される。一方、ヨーロッパを中心とした臨床心理学では、一対一の面談を基本とするので、数字で表せなくても「人にはそういう心理がある」として探究している。

従来の消費者分析は、行動心理学に近い。マーケティングは科学であり、数字で表せないものは無視する。対してインサイトはまさに臨床心理学で、数字で表せないような奥底のホンネを探り出そうとする。インサイトの考え方はヨーロッパで生まれたが、その背景には、数字で表せなくても「人にはそういう心理がある」とする臨床心理学の影響があったのではないだろうか。

インサイトを見つけるには、「感受性」と「直感」が何より大切だ。アタマで消費者を理解しようとしないほうがいい。ふにゃふにゃした気持ちと、人をおもしろがる好奇心を準備しよう。仕事ではなく、遊びだと思うぐらいでちょうどいい。これが簡単そうに見えて、一番難しい。第2章に進む前に、ぜひ次ページで気持ちのスイッチを切り替えていただきたい。

インサイトを見つけるためのスイッチ

インサイトを見つけるには、アタマではなく、直感とカラダを使うこと。第2章に進む前に、気持ちのスイッチを切り替えよう。

【準備編】アタマと気持ちをほぐす

□**リラックスする**：アタマで考えないよう、気持ちを切り替える。会議や数字を見ていたあとは、要注意。

□**客観・理屈を捨てる**：突拍子もない見方や解釈、大歓迎。

□**ゲーム感覚を持つ**：なぞ解き気分で人の気持ちをおもしろがる。

□**消費者に戻る**：担当している製品への思い入れや知識を捨てる。

【実践編】カラダと五感を使って、体験してみる

□**ターゲットになりきって使ってみる**

女性用カミソリの場合、男性でも体毛を剃ってみる。

□**売り場に行って買ってみる**

いつも使っているものでも、何のブランドだったかわからなくなる。

□**ターゲットの集まる街に行く**

若者相手なら渋谷でファッション・CD・セレクトショップなどに入ってみる。ポラロイド写真を撮り、会議で持ち寄ってみる。

□**トレンドを体験する**

ヒット商品は、自分で試してみる。記事の解説を鵜呑みにせず、自分でウラにあるインサイトを探る。

□**関係ないジャンルの共通項を探る**

ワゴン車と焼酎→中身重視、モノでステイタスを表現しない。

□**身近な人に聞く**

家族、友達、社内の人間など、少しでもターゲットに近い身近な人に聞く。考えているより10倍役に立つ。

第2章

インサイトの見つけ方、活かし方

1 テーマを決める

いよいよインサイトを見つけ出そう。最初に、何のためにインサイトを見つけるのか、目的をはっきりさせることが大切である。第1章でお話したように、インサイトはある閉塞した状況を打開するのに有効な考え方だ。だから、まず、どういう状況を打開したいのかを考えよう。

たとえば、市場全体、つまり製品カテゴリー（炭酸飲料や洗濯用洗剤など）全体が縮小している。あるいは、担当している製品が伸び悩んでいる、強い競合ブランドが立ちはだかっている。もっと具体的には、新製品を開発しなければならないが、いいアイデアが浮かんでこない、消費者の心をとらえる新製品はどんなものか悩んでいる、といった場合だ。

これらの局面を打ち破る解決案を導き出すには、どういうインサイトが必要だろうか。三つのケースを取り上げて具体的に見ていくことにしよう。

現状把握：カテゴリーやブランドの問題点がはっきりしない

一つめのケースは、そのカテゴリーやブランドが伸び悩んでいるが、理由がはっきりとわかっていない場合。そのブランドを使わないのはなぜか、どんな気持ちを抱いているのか、使うことを阻むような心理的なバリアがないかを消費者側から探っていくわけだ。問題点を発見できれば、そのまま解決策につながる場合もあるし、少なくとも方向性は見えてくる。実際に、問題点を裏返したところからインサイトが見つかることは多い。

シリアル（コーンフレークなど）の市場がなぜ伸びないのかを探っていたときのこと。最初のうちは、「おいしくない」「お腹がいっぱいにならない」などの物性が問題点として挙げられていたが、本当の原因はまったく別のところにあった。

それは、消費者の心の奥底に潜んでいた心理的なバリアだった。購入者である主婦の気持ちのなかに、「シリアルを朝食に出すのは、手抜きしている悪いお母さん」というイメージがあったのだ。シリアルには「簡単に出せる朝食」という簡便性のベネフィットしか感じられていなかった。問題点がわかれば、解決案の方向性が見えてくるし、探り出すインサイトのテーマもはっきりしてくる。

いいお母さんとは、どんなお母さんなのか——手をかけた朝食を出すお母さんか、栄養バランスに気を使うお母さんか、笑顔で家族を迎える明るいお母さんか、といった具合だ。そこから、シリアルにひと手間加えるメニュー提案や、栄養バランスのよさをアピールする活動などが浮かんでくる。あるいは、シリアルを出すお母さんは明るくて元気、というイメージをつくり上げる手もある。

また、別のアプローチとして、競合するカテゴリーやブランドが消費者からどう見られているかを探ってみよう。相手の強みや弱みを知ることで、アピールすべき方向性が見えてくる。その方向性やテーマに沿ってインサイトを探っていくのだ。

ポジショニング：ありきたりで消費者を動かす自信がない

二つめのケースは、ポジショニングについて。いま考えているブランドや製品のポジショニングがどうもありきたりで、競合との差別化がはっきりしない場合、あるいは製品の機能的なベネフィットや特徴はある程度決まっているのだが、それが消費者の気持ちをとらえるかどうか確信が持てない場合などだ。ここでは、インサイトのテーマはどんなものになるか。大きく分けて、二つ考えられる。

①潜在的なニーズを探る

その製品カテゴリーのなかで、消費者自身も気付いていないようなニーズがないかどうかを探る。定量調査の項目にあるような紋切り型の切り口ではなく、もっと深いところ、なかなか言葉にできないようなところにニーズが潜んでいないかどうかを見ていくのだ。あるレギュラーコーヒー・ブランドを例に考えてみよう。

狙っていたポジショニングは、「最も香りがいい」というものだったが、競合と差別化するのは難しかった。消費者は、「どのブランドも同じようなもの。コーヒー豆は農産物だから、モカやキリマンジャロといった産地で味や香りは違っても、メーカーやブランドで香りに違いはない」と思っていたからである。

そのため、潜在的なニーズを探っていった。そして「一番香りのいいコーヒーは、豆を挽いたばかりのコーヒー。理想をいえば（面倒でできないけれど）、豆を買ってきて、自分で挽いてコーヒーを淹れたい。」というニーズを見つけ出した。

これを活かしたプロポジション（消費者への提案）が、「（パッケージの中で豆を挽いているかのような）挽き立ての香り」というものだ。ここから狙いどおりのポジショニング、「ほかにはない香りのよさ」を感じてもらうことができた。つまり、香りという枠組みの中で、競合と差別化するための潜在ニーズを探し出したわけである。

②ターゲットの関心を探り、製品と結び付ける

いま考えているポジショニングが消費者の気持ちをつかむかどうか、確信が持てないとき。ターゲットが関心を持っていることは何かを探り、それを製品やブランドと結び付けられるかどうかを探ることがインサイトのテーマとなる。

たとえば、ビタミン剤の場合。「健康増進」というポジショニングではありきたりで、消費者の気持ちをとらえることは難しい。だれもが健康でいたいとは思っていても、特に健康上の問題を抱えていなければビタミン剤を買おうという気にはならないだろう。普段の食生活で栄養のバランスをとるなど、もっと自然な方法で健康を維持しようとする。また、どのビタミン剤も健康増進にいいだろうから、そのブランドを選ぶ理由が希薄だ。

だから、女性をターゲットにしているブランドでは、美容への関心と結び付けて「美白」「シミ取り」「肌に疲れを出さない」などのポジショニングをとる。ビジネスマンがターゲットなら、仕事への関心と結び付けて「元気が出る」「無理がきく」などのポジショニングをとっている。

それは、エモーショナルなベネフィット（心理的な便益）で選ばれるカテゴリーでも同じこと。いまは高級ブランドであっても、ゴージャスさだけをアピールすることはない。バブル時代の価値観を引きずっているような古くさいイメージになるからだ。いまの消費者は、ゴージ

ャスさよりカジュアルさやセンスのよさに関心がある。だから、ファッションでもクルマでも、「高級」の意味合いを、それらとうまく結び付けているのである。

活動案：具体的なアイデアが浮かんでこない

三つめのケースは、新製品開発、広告クリエイティブ開発、店舗開発など、マーケティング活動の施策を考えなければならないのだが、具体的なアイデアが浮かんでこない場合。たとえブランドのポジショニングが決まっていたとしても、実際の活動にどう落とし込んでよいかが見えてこない。そんなとき、どういうテーマでインサイトを探ればよいだろう。

製品にしろ、広告にしろ、各々が消費者と接点を持っている。消費者側からいえば、使うときに製品やパッケージと接するし、家でテレビCMを見たり、街で店舗に入ったりする。そのときどきの気持ちを探ることが、インサイトのテーマとなる。

八〇年代後半、ある食品ラップのパッケージ開発をしていたときのこと。食品ラップという包装材は大量生産品で、競合のナンバーワン・ブランドとは組成がまったく同じだった。耐熱性や耐冷性も同じ。消費者に競合ブランドではなく、そのブランドを買ってもらうには、値引きするしかなかった。「食品を包む」という機能はどこのものでも変わらないし、日用品の場合、広告でイメージをよくしたからといって、それで選んでもらえるわけではない。

しかし、消費者は食品ラップを使うという最大の接点で、実に大きな問題を抱えていた。ラップを切ったとたんに端がまとわりついてしまい、お皿にうまくラップをかけられないのだ。だれでも一度や二度は「どうしてうまくいかないんだ！」とイライラした経験があるだろう。これがインサイトである。

ここから生まれたのが、V字型カッターのパッケージである。まず、カッターを下の箱（ラップが入っているほう）ではなく、上ブタ側につけた。ラップをV字型のカッターの上から親指で押さえ、手首をクルッと内側にひねって真ん中から切る。お皿のうえで切ることができるから、まとわりつかずに簡単にラップをかけられる。

いくらポジショニングが決まっていたとしても、こうしたアイデアは出てこない。パッケージ開発というマーケティング活動を考えるにあたって、「使う」という接点でのインサイトを見つけ出したからこそ生まれたものである。

これら三つのケースは、通常のマーケティング戦略をプランニングしていくときのキー・プロセスに沿っている。インサイトの考え方は従来のマーケティングとは大きく異なるものの、プロセスを活かしたほうが、インサイトは見つけやすい。なぜなら、「なんか問題点がはっきりしない」「ポジショニングに新しい視点が感じられない」「実際のマーケティング活動を考えるには、曖昧で具体性に欠ける」といった問題を、ごく自然に感じることができるからだ。

そのときがチャンスである。わからないところ、しっくりこないところを掘り下げていけばいいのだ。見つかったインサイトは、きっとその問題を解決してくれるだろう。プランをよりシャープにしてくれるし、状況を打開する力になってくれるはずだ。

2 ターゲットを絞る

以上のテーマ設定と同じくらい大切なのが、だれのインサイトを探るかである。第1章でお話ししたとおり、インサイトは消費者の平均値ではなく、ある個人の気持ちを解釈することだ。ただ、どういう個人からインサイトを引き出すかという点では、ある程度はターゲットを絞らなければならない。

最終的には、セグメントを越えて共通する本質的な気持ちを見つけることが目標だが、それを検証するのは後の作業。まずは、どんな人のインサイトを見つけたいか、対象を絞ろう。

ビジネス・ソースに絞る

まずは、その製品を使ってくれそうな人（ビジネス・ソース）に絞ろう。それを特定するために、定量的な消費者調査を利用することもできる。

たとえば、高級輸入車についてのインサイトを探るとき、「クルマに興味がなく、ゲタ代わりに小型国産車に乗っている人」を想定してもあまり意味がない。やはり、「ある程度の年収があり、クルマ好きの人」が中心になるだろう。そこから具体的に買う可能性のある人として、「国産高級車に乗っている、年収一〇〇〇万円以上の人」というように絞っていく。

カテゴリーによっては、若い女性と中年サラリーマンの両方がビジネス・ソースとなり、どちらも戦略的に捨てがたい、といった場合もあるだろう。そういうときは、それぞれのターゲットに分けてインサイトを探り出そう。直感的に、使い方や使っているときの気持ち、感じ方が違うと思えば、別々にインサイトを探ればいい。

ブランド・ポジショニングのように両者をカバーしなければならない場合は、両者に共通するインサイトを見つけ出すことになる。製品デザインのように、ターゲットごとに仕様などを変えられるのであれば、インサイトも個々に探っていく。

戦略的にターゲットを絞り込む

商品の特性から戦略的にターゲットを絞る場合もある。

具体例としてコンタクト・レンズを取り上げてみよう。消費者は、コンタクト・レンズを初めて使ったときに選んだものをずっと使い続ける確率が高く、あまりブランドをスイッチ（切り替え）しない。つまり、戦略的に見れば、「初めてコンタクトを使う人、使おうとしている人」が最も重要なターゲットとなる。

ただし、話を聞く相手はターゲットだけでなく、「使い始めたばかりの人」も含まれる。使い始めてまもない頃であれば、初めて使おうとしたときどんな気持ちだったか、どうしてそのブランドに決めたのか、などを聞くことができるからだ。

そして調べるうちに、最初にコンタクト・レンズを使うのは高校生になったときが多い、とわかったとすれば、「新一年生」のインサイトを見つけることが最も重要となる。

従来の消費者分析の手法と組み合わせる

カテゴリーやブランドの問題点を探る場合、ユーザーとノンユーザーに分けて解釈していく。感じていることや思っていることの違いがはっきり出るからだ。使ったときの気持ちや満足感はユーザーからしか探り出せないし、使わないでいる理由や心理的な抵抗感は、ノンユーザーからしかわからないものである。ただ、その先の具体的なアクションにつなげるには、両方に共通する気持ちを見つけ出すことが重要だ。

たとえば、あるブランドのユーザーが、そのブランドを「若者向けの、いまのブランド」と思っているのに対し、ノンユーザーは「オヤジ向けの、古くさいブランド」と思っていたとしよう。これが両者の最大の違いであれば、どうすればどちらにも「若者向けの、いまのブランド」と思わせることができるかが課題となる。

そのとき、どちらも「肩に力が入っていないカジュアルさこそが、いまどきの若者」だと思っているとわかったとしたら、それがインサイトだ。カジュアルさをアピールすることで、ノンユーザーはそのブランドに対するイメージがオヤジ向けから若者向けに変わるし、ユーザーにとっても若者向けのいいイメージが強化されることになる。


このように、性別・年齢などのデモグラフィック特性や使用状況などでインサイトを探り出す相手を想定してもかまわない。高級輸入車の例のように、定量的な調査からビジネス・ソースを特定できるのであれば、絞り込めるだけ絞り込もう。探ろうとする相手が絞り込まれていたほうが、シャープなインサイトを見つけられるからだ。

3 仮説を立てる

ここまでは理屈で詰められるが、いったんアタマをがらりと切り替えよう。目的とターゲットが決まったら、40ページの「インサイトを見つけるためのスイッチ」をもう一度見てほしい。消費者になりきって体験したり、人から聞いたり、トレンドをチェックしたりすれば、いろいろなことがわかってくる。ただ、それだけではまだ情報が散在していて、何が重要なのか、とりとめのない状態だろう。

そこで、最初に設定した目的に沿って、それらの情報をつなぎ合わせる。散在した情報が結び付く、中心となるキモは何かを探るのだ。それがインサイトの仮説となる。

集めた情報は、一見するとバラバラだ。たとえば、カミソリについてのインサイトを探るために、自分で実際に使ってみたとき。「もっと早く剃れればいいのに」「肌荒れするなあ」とか、「一回で深剃りできないかな」「何度も剃り直さなくちゃならないのがイヤ」とか、いろんな思いが浮かんでくる。このままではそれぞれの断片がつながらない。一番中心になるもの、ほかの思いと結び付くものはどれかを探すのだ。

たとえば、「何度も剃り直さなくちゃならないのがイヤ」という気持ちが中心になるのではないかと考えてみる。すると、剃り直すから時間がかかるのか、肌荒れも起きるのか、剃り直すこと自体、一回じゃ深剃りできないからなのか、というようにほかの不満やニーズとつながってくる。そこから、「何度も剃り直す」というのがすべてをつなぐキモではないか、という仮説が導き出される。

仮説を探す過程では、一つに決め込むのではなく、いくつも試してみよう。たとえば「早く剃れる」を中心に据えると、「肌を切りそう」な感じがする。「肌荒れしない」を中心に置くと、「深剃りできなそう」に感じられる。このような試行錯誤を通して、いろいろな気持ちをつなぐキモが見つかるのだ。

また、消費者トレンドのチェックから得たさまざまな発見の場合、活用できるインサイトになるかどうかを見極めるため、一つのストーリーをつくってみよう。散在する情報を、見つけたいインサイトの「テーマ」と結び付けてストーリーに仕立てるのだ。そのとき、ほかのカテゴリーからの発見をどうやってつなぎ合わせるのか、どう仮説づくりに活用するか。そのポイントを紹介しよう。

①いくつものトレンドの底辺に共通する気持ちで、自分が担当しているカテゴリーが活用できるものを探す。

②ほかのカテゴリーのヒット商品がとらえている消費者の気持ちを、自分の担当しているカテゴリーに当てはめてみる。

③仮説として持ったインサイトが的を射たものかどうかをチェックするため、同じような消費者の気持ちをとらえた、別のカテゴリーがあるかチェックする。

たとえば、かつて女性向けのオーディオ・コンポで、スケルトン・タイプ（透明）のカラフルなものが流行ったことがあった。あれは、家具から小物にいたるまで、雑貨感覚のかわいいものが好きという女性の気持ちを、オーディオにも当てはめてみたものだ。女性にとっては、機械ものも小物も、「自分のまわりに置いておきたいお気に入り」という意味で同じだから。そしていま、同じ気持ちをとらえているのが、小さくてカラフルになったクルマである。

別の例では、自分のカーライフに合わせて設計できる自動車保険が受けている。クルマに乗るのは土日だけか、走行距離はどれくらいかなど、自分に合うパーツ（条件）を選べるので合理的だと感じられ、納得性が高い。

同じ気持ちをとらえているのが、オーダーメイド・マンションだ。自分が望む間取りや設備を組み合わせていくので、合理性を感じる。仮にキッチンを豪華にして、そのぶん割高になったとしても納得がいく。

この納得するときの気持ちをインターネットの料金プランに当てはめるとどうなるか。住宅ローンの支払い方法ではどうか。このように、別の分野の仕組みがとらえているインサイトを自分のカテゴリーに持ってきてみると、従来とは違う発想ができるだろう。

いずれの場合も、三題噺のように、いろいろな発見を一つのストーリーにつなげていくのがコツだ。バラバラなままでは単なる情報にすぎない。それらをつなぐキモは何かを見つけ出そう。それが、インサイトの有力候補である。

浅い仮説、深すぎる仮説

ここで浅い仮説と深すぎる仮説の見分け方を、簡単にお話ししておこう。

仮説を見たとき、「なぜ、消費者はそう思っているのか」「その奥底にはどういう気持ちが潜んでいるのか」というさらなる疑問が湧いてきたとしたら、それは浅い仮説だ。先ほどの自動車保険の例でいうと、「パーツを組み合わせる仕組みだと納得する」というのは浅い仮説。「どうしてパーツを組み合わせると納得するのか」という疑問が湧いてくるからだ。

逆に「深すぎる」仮説というのは、根源的すぎて、商品やカテゴリーとの接点が見つけられなくなってしまった場合だ。裕福になりたいとか、幸せになりたい、といったもの。自動車保険でいえば、「不安のない人生を送りたい」といったものだ。これでは、その商品ならではの独自の接点を見つけ出せないし、具体案を考え出すのも難しい。

適切な仮説は、どんどん質問をしていってホンネを深く掘り下げていき、それ以上掘り下げるとカテゴリーや商品との接点がなくなる寸前にあることが多い。商品とのつながりが切れてしまわない、最も深いところを探るのだ。自動車保険の例でいえば、「合理的に自分で選んだ気分になると、納得する」というのが、浅くもなく深すぎもしない仮説である。

次に、その仮説を調査で検証し、修正したり、さらに掘り下げたりする。調査の前に必ず仮説を立てよう。仮説なしにインサイトが得られることはほとんどない。正式に調査をしない場合でも、仮説をもとにターゲットに話を聞き、検証することはできる。

なぜホンネを話さないのか

インサイトを探るには、消費者のナマの声を聞くのが一番だ。セールス・データや定量調査（アンケート調査など）の数字を見ているだけでは、なかなかホンネは見えてこない。調査会社に依頼してインタビューを行う人も多いだろう。グループ・インタビューやパーソナル・インタビュー（一対一で話を聞く）はいまや花盛りだ。短時間でインサイトを見つけ出したり、結論を出したりするのに便利だからだ。

しかし、通常のインタビューでホンネを聞き出すのは、なかなか至難の業だ。経験のある人なら「この対象者（座談会に出席している人）の発言は本当かな」と疑問を感じられたことも多いのではないだろうか。「はじめに」で紹介したように、司会者がいなくなったとたん、対象者がホンネで話を始めるといった、恐ろしくも笑えない事態が起きたりするのだから。

なぜ人は、ホンネを話してくれないのか。大きくは五つの理由がある。

①場所とシチュエーション

まずは、座談会という設定自体が特殊だからかもしれない。場所はたいがいオフィスビルの一室で、会議室のようなところが多い。気持ちや感情というものは、リラックスしていないと出にくいのである。仕事のあとだったりすると、円テーブルを囲んで座っただけで、頭が会議モードになってしまう人がいても不思議はない。そのため、少しでも日常的な環境でリラックスしてもらえるよう、普通の家庭のリビングやテラスを借りて話し合うスタイルも増えてきている。イギリスなどでは、それが主流になっているという。

また、話し合う内容と場所が合っていないこともある。本来なら、クルマの話であればクルマの中で、コンビニの話ならコンビニのなかで話したほうが実感を伴いやすい。別の場所で話すとなると、どうしても思い出しながら話すことになるので、その場にいたときの気持ちや感覚がストレートに出にくい。

加えて、座談会のように見知らぬ人のなかで話をするのは、多少なりとも緊張するだろう。一対一のインタビューでは息が詰まる人もいる。友人や知り合いが一人いるだけでも、ぐっと落ち着くものである。そのため、知り合い同士を二人ずつインタビューに呼ぶこともある。

②集団心理が働く

グループ・インタビューの場合、集団心理が働くことがある。人前で話をする以上、やはり恥はかきたくないと思うものだ。少しでも賢い話をしたくなるし、気持ちや感情を話すのは気がひけてしまう。逆にウケ狙いで馬鹿話ばかりする人もいる。

だから、できるだけ気持ちや感情を話しやすいネタ（材料）を用意することだ。あとで紹介するが、調査のなかで「絵や写真」を使うことが多い。正解もなければ、賢いフリをする意味もないので、感情や気持ちについて話しやすくなるのだ。

また、人の意見に流されがちなのも集団心理の一つだ。だれかの話を聞いているうちに、自分もそういう気になってくる。特に、グループを引っぱるリーダー的存在が現れると、一気に全体が流されてしまう。ただでさえ、人と違う意見を言うのはなかなか勇気がいることだ。ましてや一人だけ意見が違う場合、協調性がないようで言い出しにくい。

そのため、話し合いを始める前に、自分の思ったことを書き留めておいてもらうのも一案だ。それだけでずいぶん、最初の白紙の状態で感じたことを思い出し、話してくれるようになるものである。

③舞台裏を知りすぎている

三つめに、消費者がマーケティングに精通していることが挙げられるだろう。第1章でも触れたが、いまの消費者は製品や広告がどういうプロセスでつくられるのかをよく知っている。つくり手側、調査する側の意図を見透かしているのだ。

その結果、いち消費者ではなく、評論家的な立場を取ってしまう。広告についての感想を聞くと、とんでもない批評大会になることがある。アタマに来たクリエイティブのスタッフが、座談会場に乱入（?）しそうになるのを止めたことも、一度や二度のことではない。私自身も自分がつくったボード（調査素材）を見せたとき、「これは、ターゲットのこういう気持ちを突こうとしてるんでしょ。そういうところがイヤらしい」などと言われて、ワナワナしたことがある。普段からそういう見方をしていることは事実だから気をつけなければならないが、座談会に来ると、ますますその傾向が強くなるようだ。

逆のパターンで、温情的に発言する人もいる。メーカーや広告制作者の意図がわかるため、こういうふうに答えてほしいんだろうと察して、その答えを話すのだ。もっと深読みする人の場合、もし調査結果が悪かったら担当者が辛い立場に置かれるだろう、と心配までしてくれる。残念ながら、こちらも消費者の視点で話してくれていないことには変わりがない。

事情通の消費者たちからホンネを引き出すには、どうすればいいか。一つは、企業活動に見えないようにすること。もう一つは、消費者を味方につけ、一緒につくるというスタンスを取ることだ。どう取りつくろっても、調査は企業の依頼で行われているということはバレている。いっそ消費者に参加してもらって、製品も広告も、さらにはブランドの方向性も、一緒につくろうというものだ。そのためには、消費者をその気にさせる必要がある。詳しくは後でお話ししよう。

④言葉が気持ちを遠ざける

四つめの理由は、言葉を使うこと自体にある。話をする、言葉を使うという時点で、すでに理屈っぽくなっているのだ。言葉を話そうとするには、内容を考え、整理し、話の筋道を立てなければならない。どうしてもアタマで考えたことが中心になり、心で感じた気持ちは出にくくなる。これでは、本当のインサイトは見つからない。だから調査をするときも、できるだけ消費者の言葉に頼らないようにするのが一番だ。言葉は補足としてとらえるようにするわけだ。

⑤消費者自身が気付いていない

最後に、消費者がホンネを話してくれない、最大の理由を挙げよう。それは、自分で気付いていないことは話せない、ということだ。実に当たり前のことだが、気付いていないこと、意識していないことが、やたらと多いから困る。自分で理由がわかっていること、意識していることなど、ほんのわずかである。

たとえば、毎朝使っている歯ブラシ。いつ、どこで買ったか、思い出せるだろうか。たくさん並んでいるなかで、なぜそれを手に取ってかごに入れたのか。よほどこだわりのある人でなければ覚えていないだろう。そんなものである。

無意識でやっていること、意識したこともないようなことは話しようがない。しかも、インサイトは、この無意識のなかにあることが多いから、やっかいなのだ。

4 ホンネを引き出す調査方法

以上のように、人はホンネを話してくれないし、話せない。そのときの気持ちを思い出せなかったり、理屈の陰に押しやってしまったり、無意識に行動していたりする。たぶん人は、思っていることや感じていることの一〇%も言葉にできないのではないだろうか。

だから、調査の仕方にはそれなりの工夫がいる。そうでないと、浅い仮説にとどまってしまったり、核心からズレたものをインサイトだと判断してしまったり、ピントはずれの結論を出してしまったりする。しかも、いったん調査結果が出てしまうと、それは絶対的なものと思われがちだ。覆したり、軌道修正したりするには、おそらく二倍以上の労力がいるし、場合によっては修正できないこともある。

そうした落とし穴を避ける調査方法を紹介しよう（表2―1）。どれも一長一短はあるが、うまく利用することで消費者のホンネを引き出すことができる。

表2-1 調査の概要一覧

	エスノグラフィック調査	ポラロイド写真調査	コラージュ・エクササイズ	ポストカード調査
目的	●ブランドや製品を実際に使うときの行動と気持ちを把握	●どんなとき、そういう気持ちになるかを把握し、ブランドに活かせるものを探る	●ブランドに対するイメージや感情、理想とするイメージなどを把握	●インサイトの仮説の検証、掘り下げ
方法	●対象者に同行してルポルタージュ	●テーマに沿って写真を撮ってきてもらい、それをもとに話し合う	●テーマに沿って、準備された写真を組み合わせて絵（コラージュ）をつくってもらい、話し合う	●対象者宛てに届いた、キーワードが書かれた手紙を提示し、それについて話し合う
長所	●その場その場で、リアルタイムに聞き出せる ●無意識の行動をとらえて、気持ちを聞き出せる	●プライベートな場所や時間でも、写真に撮ってもらえるので、あとで聞き出すことができる	●言葉に表しにくいイメージを短時間で引き出せる ●現状と理想のギャップなど、イメージを対比させることができる	●企業からのメッセージに見えにくい ●キーワードからイメージを膨らませやすいため、コンセプト・ボードよりも気持ちや感情を引き出せる
短所	●プライベートな場所や時間では、取材できない	●写真を撮ったときの「記憶」に頼って話し合う	●準備する写真のよし悪しで、成果が左右される	●言葉に頼るため、潜在的な気持ちまでは引き出しにくい

エスノグラフィック調査：私はあなたの影になる

エスノグラフィック調査。なんだか覚えにくい名前だなあ、というのが第一印象ではないだろうか。私も初めて聞いたとき、なんじゃそりゃ、と思った。エスニック料理を思い浮かべる人もいるかもしれないが、当たらずとも遠からず。語源が同じなのだ。

エスノグラフィック調査はそもそも文化人類学で使われてきた調査手法。ある部族の社会や文化を知るために、その部族の村に滞在して生活をともにし、ルポルタージュするというものである。それを、消費者調査にも応用したわけだ。

ある部族の社会や文化を知るのに、聞き取り調査だけでは不十分だ。部外者にはそう簡単に明かさない秘密の儀式や慣習があるだろう。それ以上に、そのなかでずっと生活してきた人たちにとっては、何がほかと違うのかわからない。自分たちにとっては先祖代々やっている当たり前のことが、外部の人にとってはびっくりするほどユニークなことであったりするのだから。まさに、話してくれないのではなく、話せないということだ。

そこで考え出されたのが、消費者調査としてのエスノグラフィック調査だ。対象者と行動をともにして、その場その場で気持ちなどを聞き出す。英語では「シャドーイング」というが、対象者の影になるわけだ。じゃまにならないよう気をつけながら密着取材する。

たとえば、クルマを運転しているときの気持ちについて探っていくとしよう。グループ・インタビューなどで、そのときの気持ちを思い出してもらいながら話し合うことはできる。しかし、クルマについての話し合いは、とかく頭でっかちになりがちだ。対象者がクルマ好きだったりするとなおさらである。知識やうんちくを披露したり、スペックにまで話が及んだり、となかなか運転しているときの気持ちを話してもらえない。

エスノグラフィック調査であれば、たとえば調査する側が助手席に乗って、運転中のドライバーに話を聞くので、座談会とは臨場感がまったく違う。「いまアクセルを踏んだけど、そのときの伸びが違う」とか、「インテリアの、ここのデザインが気に入っている」など、その場その場の感情や気持ちが聞き出せる。

また、ほかの時間帯（たとえば深夜のドライブのとき）についても、より実感のこもった話を聞ける。「いまはステレオの音量を下げているけど、一人で運転しているときはもっとガンガン鳴らす」とか、「一人になりたいときは、絶対クルマ。だれにもじゃまされない空間だから」「家族で乗っているときは安全第一だけど、一人のときはスピードを出してしまう。独身のときはけっこう飛ばすほうだったから」といった具合に。

クルマに乗ること自体が、エモーショナル（情緒的）なものである。理屈で乗るわけではない。だから、運転しながら話をすると、運転する喜びや興奮なども素直に出てくるのだ。

ポラロイド写真調査：なんでこんな写真を撮ったのだろう

エスノグラフィック調査の考え方を応用したのが、ポラロイド写真調査だ。インタビュアーが密着して聞く代わりに、対象者自らがそのときどきを写真に撮る。そして、それを座談会に持ち寄ってもらい、話し合うのだ。

手順は簡単だ。まず対象者にポラロイド・カメラを渡し、座談会までの一週間から一〇日の間に、テーマに沿って写真を撮ってもらう。そして、撮った写真を座談会で披露してもらい、その写真が何を表しているのかを話してもらうのだ。

一番難しいのは、テーマ設定である。どういうテーマで写真を撮ってもらうかで、成功するか否かが決まる。紅茶（リーフティー）の場合を見てみよう。

もし「紅茶」というテーマで写真を撮ってもらったらどうなるだろう。どんな写真が集まるか、だいたい想像がついてしまうのではないだろうか。ポットで飲むリーフティーの場合、家に友達を呼んでのティータイム、カフェでケーキを食べながら、家事がひと区切りついたとき、あるいは雑誌を読みながら、といった写真が上がってくるだろう。ティーバッグならば忙しい朝食のとき、子供と一緒におやつを食べるとき、といったように、だいたい想像はつく。

もちろん、それを話のネタとして、飲んでいるときの気持ちを話し合うことはできるが、単にどんなときに紅茶を飲んだか、という記録にとどまってしまう。定量調査（アンケート調査など）でもわかる内容になってしまっては、もったいない。

だから、リーフティーの例でいえば、テーマを「素敵と感じた瞬間」というふうに設定してみる。すると、どうだろう。一気に写真の幅が広がる。

街角できれいな花が咲いているのを見たとき、恋愛小説を読んでいるとき、好きな音楽を聴いているとき、懐かしい友達から電話があったとき、遅く起きてブランチをとったとき、大好きな香りの入浴剤を入れてお風呂に入ったとき、家のソファでお腹を見せて寝そべっている飼いネコを見たとき。だんながゴルフに出かけていなくなったとき、なんて人もいるかもしれない。

こういう写真が集まれば、「それ、何？」「そうそう、私もそういう時間って素敵だなと思う」といった具合に話が盛り上がる。そして、その奥にある深層心理が見えてくる。

このテーマ設定が、エスノグラフィック調査との最大の違いである。エスノグラフィック調査では、クルマを運転するときなど「シチュエーション」がテーマになる。その場その場で、インタビュアーが気持ちを聞き出せるからだ。一方、ポラロイド写真調査では、素敵と感じた瞬間、うれしいと感じた瞬間といった、「気持ち」をテーマにしたほうがうまくいく。写真で撮れるのはシチュエーションであって、気持ちは撮れないからだ。

また、ポラロイド写真調査には、エスノグラフィック調査にはないよさがある。かなりプライベートな時間でも撮ってもらえることだ。さすがに、寝る前にパジャマでくつろいでいるときまで、同行して取材するのは難しい。

そのほか、写真を撮ってきてもらうことのメリットをまとめておこう。

一つは、忘れないように記録しておいてもらうということ。ちょっとした素敵な瞬間などは、あとで思い出せるものではない。気付いた瞬間に記録してもらうことが肝心だ。

二つめは、写真を撮ろうとすることで、普段は気にも留めなかった瞬間を意識してもらえることだ。写真を撮ろうして初めて、「自分でも気付いていなかったけど、こんなときに素敵と感じていたんだ」と発見することになる。つまり、気付いていないことは話せない、という問題が少しは解消されるわけだ。

ときには、対象者自身も不思議に思うような写真を持ってくることがある。雨の日に窓の外を写した写真を持ってきて、「なんでこんな雨がしとしと降る日を素敵だと感じたんだろう」といった具合だ。家にこもってないで外に出なくちゃ、という強迫観念から解放されたからかもしれない。雨のほうが、ゆっくりくつろげるということかもしれない。写真だと、本人も気付かない潜在的な気持ちまで浮かび上がってくる。これも、言葉に頼っていては出てこないものだ。

三つめは、写真があると気持ちや感情を話しやすくなるということ。人前で気持ちや感情を話すのが得意な人はそう多くない。「素敵と感じた瞬間」の写真があれば、自分の気持ちも話しやすいし、別の人が撮ってきた写真にも、「そうそう」とか「私の場合はね……」といった感じで話が弾む。想像やイメージが膨らみやすいし、正しいとか間違っているとかいった心配がないので、素直に思ったままを話せるわけである。

最近では、カメラ付き携帯電話で写真を撮って送ってもらうという手法もある。どんな部屋に住んでいるか、本棚にどんな本が並んでいるかといった実態を把握するだけなら、このほうが効率的だろう。ただし、奥底にあるホンネを探り出す場合はそれだけでは足りない。写真をもとに話し合う必要がある。

コラージュ・エクササイズ：絵は口以上にモノをいう

写真を使う調査手法をもう一つ紹介しよう。コラージュとは、いろいろな写真を組み合わせて貼り付けた一枚の絵のことだ。それを対象者につくってもらう作業のことを、コラージュ・

エクササイズという。そして、完成した絵をもとに話し合うという調査手法だ。

コラージュに使ってもらう写真は、あらかじめ準備しておく。一グループあたり一五〇枚から二〇〇枚ぐらい。そこからイメージに合う写真を選んで模造紙に貼り付けてもらう。カミソリのシックで行った、「理想の男性像」の調査を例に挙げよう（図2―1）。

ヒゲ剃りというのは、いまも昔も男らしさを感じさせる行為だ。しかし、男らしさというものは、時代によってずいぶんイメージが変わる。このケースではターゲットの二〇代男性にとって、理想の男らしさとは何なのかを明らかにする必要があった。グループ・インタビューでは、コラージュに使った写真をなぜ選んだのか、対象者にプレゼンしてもらう。言葉で補足してもらって、写真の意味合いをはっきりさせるわけだ。

このコラージュを通して明らかになった、理想の男性像をご紹介しよう。まずわかったのは、理想の男とは「たくましい男」であることだった。肉体的に鍛え抜かれた強い男。でも、マッチョというわけではない。無駄のない筋肉が理想だ。また、精神面でも意思が強いこと。一本筋が通っていて、野心があり、何かに挑戦している男であった。左上のサッカー選手の中田、中央右寄りの野球選手のイチロー、中央左寄りのスキンヘッドのプロレスラーなどに込められた意味合いだ。

関連して出てきたのが「自分を持っている男」である。自立していて、こだわりがあって頑

図2-1 | シック「理想の男性像」コラージュ

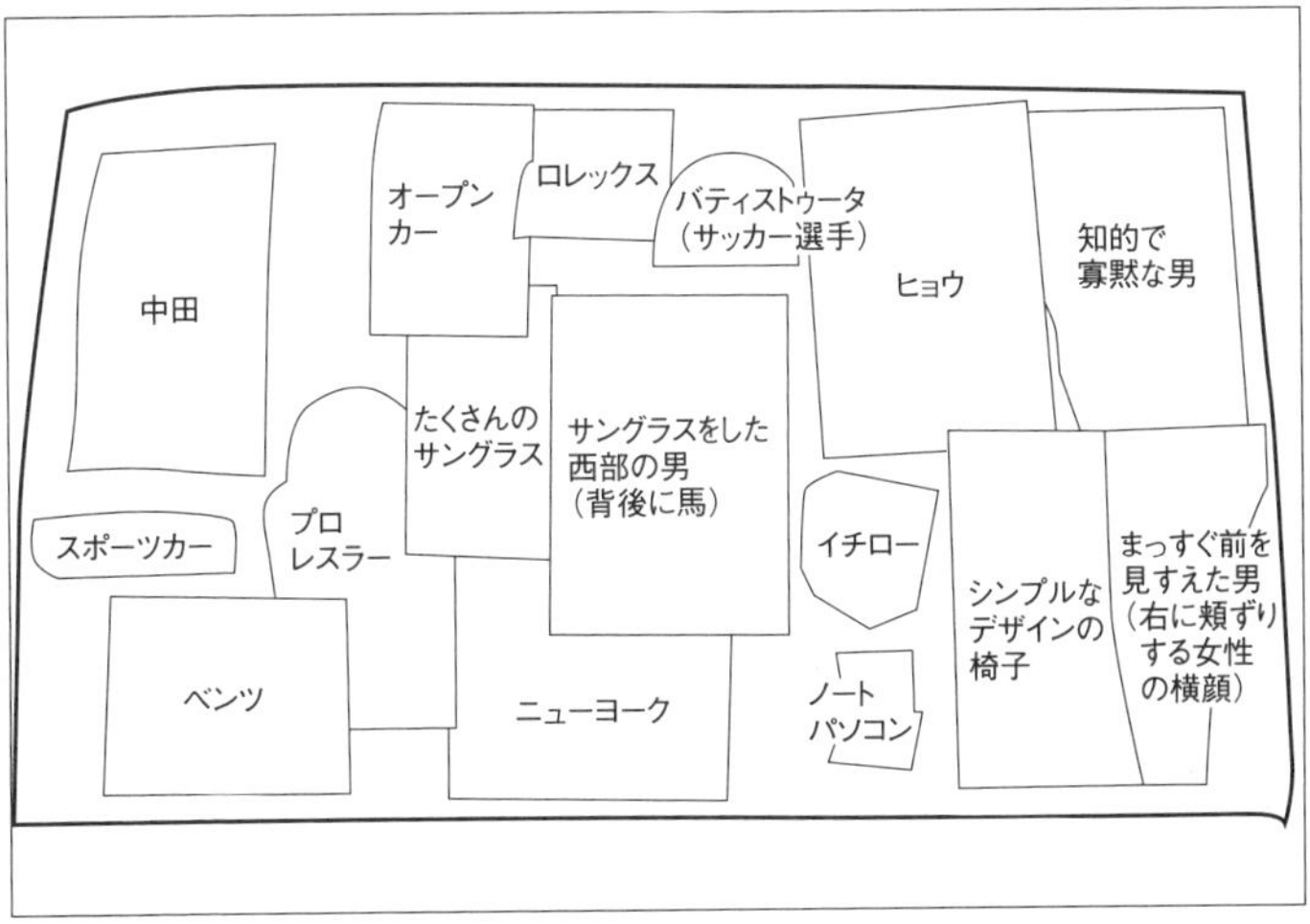

固。深みがあって迎合せず、けっして愛想笑いなどしない。わかりにくい男、という表現をした対象者もいた。それは中田やイチローなどとともに、右上の写真（知的で寡黙な男）にも込められている。

そして、「女に惑わされない男」。女のことで動じない、尻に敷かれない。右下の男に表わされる理想像で、ほとんどのグループがこれを選んだ。女がすり寄ってきても、無視するかのようにまっすぐ前を見すえているところがカッコいいという。よく、カミソリや男性化粧品の広告などで女性を意識したものがあるが、女に媚びたような男はイケてないということだった。

次に、「野性的な男」。荒野でも一人で生きていける男。無茶ができる、いい意味でのアウトロー。写真でいうと、ヒョウはそのものずばり。真ん中の馬をバックにした男にも、いまどきの西部の男という感じで野性味を感じるという。

また、「成功者」も大切な要素だった。結果を出せる男。夢を実現できる男。世界で通用する男。アタマもよくてパソコンに強く、仕事ができる。しかも仕事と遊びを両立でき、生活をしっかり楽しんでいる。ジョークを飛ばせるくらいの余裕も欲しい。これは、ノートパソコン、ベンツ、ロレックス、ニューヨークのほか、中田やイチロー、バティストゥータ（サッカー選手）の写真から出てきた話である。ヒョウには、狙った獲物は逃さないという意味が込められていた。

最後に「センスのある男」。シンプルで飾らない。こだわりのアイテムを持つ。シンプルなデザインの椅子の写真、中田などを通して出てきた感想である。

以上のように、コラージュをつくってから話を聞くと、実にさまざまなことがわかるだろう。話し合いだけでは、けっしてこれほどイメージは広がらないだろう。また、写真がないと、照れくさくて理想の男なんて話はできない。

コラージュをつくらせるとイメージが広がる。潜在的なイメージも出てくる。対象者がうまく言葉で説明できなかったとしても、コラージュには必ず気持ちが表現されている。選ばれた写真をイメージごとにまとめ、そこに共通する奥底の気持ちを見つけ出すのだ。

さらに、このコラージュ・エクササイズには、隠された狙いがある。作業を通して消費者を参加させ、味方につけるのだ。たとえば、シックというブランドを一緒につくりましょう、といったスタンスで取り組む。消費者は、企業からの一方的なメッセージには批判的であるが、一緒につくりましょう、というスタンスであれば味方になってくれやすい。

ポストカード調査:さよなら、コンセプト・ボード

グループ・インタビューなどでは、コンセプト・ボードを対象者に提示し、その反応を見る

ことがよくある。コンセプト・ボードとは、製品の特徴やベネフィットを説明した文章と、場合によってはビジュアル（製品自体やパッケージ、使い方がわかる絵や写真など）を組み合わせたものだ。広告のコンセプトを見せる場合もある。一般的な提示物であり、調査手法だ。

しかしこれは、いかにも企業からのメッセージに見えるので、その手に乗るか、と対象者は身構えてしまう。そして、自分がどう思ったかはそっちのけで、「こういう人をターゲットにするのなら、言い方を変えなくちゃ」といったように評論を始めるのだ。

そこで考え出されたのが、ポストカード（ハガキ）を使うという手法だ。「あなた宛てにこういう手紙が届きました。どんなことを想像しますか」と言いながら、ハガキを提示するのだ。対象者全員に見える大きさにするため、サイズはA2程度。文面も三～五種類ぐらい用意する。その点はコンセプト・ボードと変わらない。しかし、設定が手紙だというだけで、対象者の反応は違うものになる。企業からの一方的なメッセージに見えないだけでも、ずいぶん心を開いてくれるのだ。

あるオーラルケア（口内ケア）ブランドの例を紹介しよう（図2―2）。このときは、製品の機能をどうすれば消費者の関心事にうまく結び付けられるかが課題だった。口内ケアは普通、つい面倒くさくなるものなので、消費者の心をつかみ、使用を動機付けるためのインサイトが必要だった。そんな状況での調査である。一番大きなポイントは、メーカーからの広告やメッ

図2-2 ポストカード調査

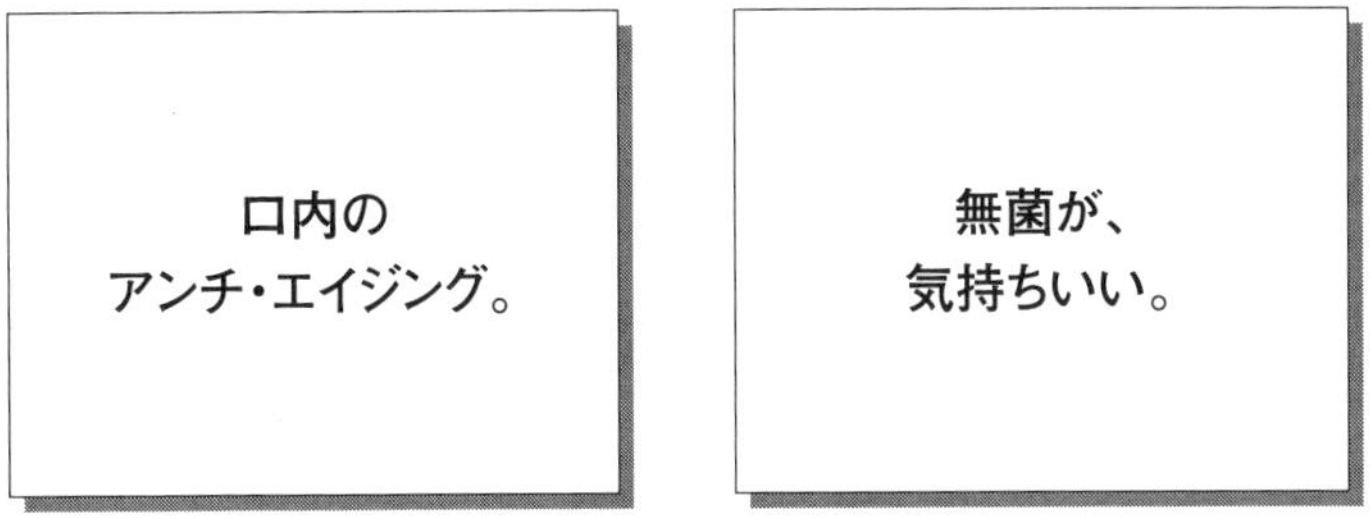

セージに見えないようにしていることだ。そのための工夫がいくつかある。

一つは、メーカー名やブランド名を入れないこと。もちろん、話し合いの途中で、オーラルケアについても、この製品の殺菌効果についても触れている。だから対象者も、この製品に関連する調査だということはわかっている。それでも、提示物にメーカー名やブランド名を入れないほうが、話し合いは前向きに進む。

二つめは、ベネフィットの書き方を工夫すること。「アンチ・エイジング」（年を取らない）も「無菌」も、製品の利点や特性をずばり表すキーワードだが、それ以上のことを書いていない。そこがポイントだ。

コンセプト・ボードにありがちな「……をもたらします」「……してくれます」といった書き方をしないこと。そんな文面を見たとたん、セールス・メッセージだと思われてしまうからだ。「ちょっと大げさじゃないの」とか、「そんなこと、いまの歯磨き粉でもできるじゃないか」など、心のどこかで反発が起きる。そういう言い回しは社内会議用にとっておこう。

その点、図2−2に挙げた文は何のベネフィットも約束していない。すると、「こういう製品が本当にあったらいいな」「私は歯が丈夫だからピンとこないなあ」といった、素直な反応が返ってくる。そうなればしめたもの。そこから潜在的なニーズや気持ちを読み取るのだ。

三つめは、できるだけ簡潔で想像力をかき立てられるようなキーワードや文を提示すること。そのほうが自由に解釈できるからだ。司会者が「自分の都合のいいように自由に解釈してください」と補足すればなおよいだろう。文面を評価させるのではなく、このキーワードをきっかけに発想を広げてもらうのだ。

たとえば、「アンチ・エイジング」という言葉からスキンケア用品にまでイメージが広がったり、「口元のきれいな人は笑顔も素敵」といったベネフィットまで連想されたりする。こうして、心の底で求めているものを探り出すのだ。

そんなキーワードをどうやって見つけるのか。それは、調査の前にしっかり仮説を立てることだ。自分で実際に使ってみて、何が不満で、どういう製品があったらいいかを考える。まわりの人からもいろいろ話を聞く。そして、どういう反応が返ってくるか、調査のシミュレーションをしながら、対象者のイメージが広がりそうなキーワードを探すのだ。

このオーラルケアの例は、製品の機能的なベネフィットについてのインサイトを探るものだったが、ポストカード調査はエモーショナルな（気持ちに訴えかけるような）ブランドでも使うことができる。その場合、対象者の気持ちのスイッチが入り、話し合いが活発になるようなキーワードを提示することがより重要になる。詳しくは第4章、ハーゲンダッツのケースで紹介しよう。

5 使えるインサイトに絞る

さまざまなプロセスを経て消費者のホンネに迫ってきたが、それをマーケティング活動に活かせなければインサイトとはいえない。そこで、使えるインサイトか、使えないインサイトかを見極める方法をご紹介しよう。

一つめは、新しい発見かどうか。ありきたりの視点からとらえているものは、インサイトとして使えない。自分自身にも関係者にも、消費者はそんなふうに思っていたのか、という発見がなければならない。

たとえば、ある高級輸入車の場合。「いつかは乗りたいという憧れはあるけど、高すぎて買えない」には、新しい発見がない。値引きをするしかないことになってしまう。

それでは、「十分な収入と社会的な地位がある人でも、そのクルマに乗るのは早すぎると思っている」ではどうだろう。これには新しい発見がある。ここからは、オーナーイメージを若くしたり、心理的な敷居の高さを取り払う活動が考えられたりする。

二つめは、自分の担当しているブランドとの間に整合性があるかどうか。いくらホンネであっても、競合ブランドがそのインサイトをすでにとらえている、あるいはとらえやすい場合には、せっかく見つけても使えない。

たとえば、自社ブランドがシェア二〜三位に位置しているとしたら、「一番売れているブランドを買う。安心だし、勝ち組気分も味わえる」というホンネは使えない。トップシェアを持つブランドにふさわしいインサイトだからである。

三つめは、アクション（活動）につながるかどうか。自分でアイデアを出す場合はもちろんだが、他部署へ具体策の開発をお願いする場合も同じだ。インサイトは、実際の活動に結び付かないと意味がない。消費者についての単なるお勉強になってしまうし、マーケティング戦略そのものが、机上の空論になってしまう。

たとえば、43ページで紹介したシリアルの場合。「炊き立てのごはんとか、焼き立てのトーストとか、出来立ての朝食を用意するのが、手抜きをしないよいお母さん」というホンネが見つかったとしよう。それはそうかもしれないが、具体策はどうなるだろう。ベーカリーで焼き立てのシリアルを売るか、家庭で焼けるような冷凍素材品として売るか。製品を開発するうえでも流通させるうえでも、実現するのは難しい。

実際のアクションに結び付くかどうかを判断するには、自分でアイデアを出してみるのが一番いい。たとえ具体策を考えるのはよその部署の仕事だったとしても試してみよう。自分で考え付かないものは他の人がやっても出ないだろう。

四つめは、そのインサイトから発想が広がるくらい刺激的かどうか。使えるインサイトは、アイデアがいろいろな方向に広がっていく。けっして発想を狭めるものではない。

たとえば、文具のデザインで、「ビジネスで使うなら、無難な黒かシルバーが望まれている」をインサイトにしたとしよう。これでは、色を制限しただけで、発想が広がらない。なぜ無難なデザインでないとビジネスでは使いにくいのか、何がビジネスにふさわしいと感じさせる記号なのか、などを掘り下げていかないと、使えるインサイトにはならない。

最後に、最も使えないインサイトだが、実際には一番多い例を紹介しておこう。それは、単に製品特徴を裏返しただけのケースだ。グローバル企業では、マーケティング戦略の企画書にインサイトの項目を設けているところが多い。本来は消費者インサイトを核にして全体の戦略を組み立てるべきである。しかし、マーケティング戦略の一要素に組み込まれたとたん、単につじつまを合わせるためだけに欄を埋める場合が出てくる。

極端な例だが、仮に、低カロリーの高級チョコレートを開発中だとしよう。インサイトの欄には、その裏返しに「消費者は、ダイエットにいい低カロリーの高級チョコレートを求めている」と書き込むわけだ。消費者の気持ちを少しでも探ってみれば、高級チョコレートを食べるときは幸せな気分に浸りたいのであって、カロリーなど気にしないことはすぐにわかるのだが……。

これは極端な例だと笑ってしまうかもしれないが、こういう落とし穴にはまるケースは意外と多い。マーケターはインサイトがなくても戦略を論理的にまとめられるので、最後につじつまを合わせようとするからだ。ある程度、戦略のアウトライン（概観）が見えたところで、インサイトの発見に全力を注ぐことをお勧めしたい。

使えるインサイト、使えないインサイトについていろいろお話ししてきたが、一番の判断基準は、おもしろいかつまらないか、である。インサイトは、自分でアイデアを開発する場合だけでなく、いろいろな部署と話し合って、実践してもらうことを前提にしている。関係者みんなが、「へえ、消費者はこんなふうに思っているんだ」と驚き、「おもしろい。やってみよう」とワクワクするものでなければならない。

本当におもしろいかどうかは、インサイトを披露したときの相手の反応ですぐわかる。これだと思ったら、決めてしまう前にいろいろな人の反応を見てみることだ。みんなが旗印にしてがんばれる、新しい発見がある、おもしろいインサイト。それが使えるインサイトだ。

キー・インサイトはどれか

インサイトの候補がいくつも挙がった場合は、最も使えるキー・インサイトに絞り込もう。よく犯す過ちはインサイトを羅列することだ。オプションをいくつも提示するのはリスクを回避する発想で、実際には何の役にも立たない。いくつもインサイトがあるというのは、まだ何も見つけていないのと同じだということをキモに銘じよう。

もちろん、活用の目的が異なるために、複数のインサイトが併存することはある。たとえば、ブランド・ポジショニングを決めるときに採用したもの、それを実現するために製品開発で使うもの、店舗開発に活かすもの、といった具合である。しかし、一つの目的に一つのインサイトが対応するようにしよう。また、これらのインサイトには一貫性があり、一つのストーリーに統合されているようにしよう。

たとえば、ある高級輸入車の場合。ブランド・ポジショニングを決めるにあたって採用したインサイトは、「十分な収入と地位がある人でも、まだ早すぎると思っている」。ディーラーの店舗が採用したのは、「格調があるのはいいけれど、私には敷居が高くて入りにくい」。支払いプランでは、「現金でポンと買うイメージ。ローンで買うのは気がひける」。いずれも「いまの私には手が届かないクルマ」という点で一貫している。これらのインサイトをもとに各々の活動案を考えれば、「若いあなたでも気軽にディーラーに行けて、ローンで買えるクルマ」になっていくだろう。

また、インサイトを提示するときは、「ターゲット像」「イメージされるユーザー像」のような羅列にならないようにしよう。たとえば、「年齢二八歳、女性。外資系の銀行勤務。アクティブなライフスタイルを持ち、休暇は海外のリゾートに行く。自分への投資に積極的で、心身ともに自分磨きに余念がない」といったもの。その人がどんな気持ちでいるか、そのなかのどういう気持ちをとらえるか、が一つに絞られていなければ、それはインサイトではない。

6 マーケティング活動に落とし込む

インサイトを一つに絞り込んだら、次はどうやって実際の活動に結び付けるか、である。

まずは、インサイトをもとにしてマーケティング戦略のキモをシャープにしよう。現状の問題点を、消費者の立場からはっきりさせることができる。問題点を列挙するのではなく、それらすべてを包括するような核心は何かを言い当てよう。

次に、ポジショニングについても、インサイトを取り入れてシャープなものにしよう。これまでのポジショニング・マップ（方向付けや競合との差別化を示した図）に代表されるような、方向性を示すだけのポジショニングではなく、より具体的で消費者の共感を呼ぶものになるはずだ。「最も高品質で、最も現代的」といった曖昧なゴールを提示するのではなく、どういう消費者の気持ちをとらえたらそこへ行けるのか、何をプロポジション（消費者への提案）としてアピールすればいいのか、といった解決策を示すことができる。

そして、新製品やサービス、店舗、広告などの活動の指針も、インサイトをもとにすれば、より具体的で発想を刺激するようなものにできるだろう。「消費者は、最も有名な食品ラップを選ぶ」という目標ではどうしていいかわからない。インサイトが見つかっていれば、「ラップがまとわりつかないパッケージ」といった具体的な指針をつくれるだろう。

論理的に組み立て直す

インサイトは消費者の気持ちを主観的に解釈したものだ。しかし、たいていの企業は客観性を求めるし、マーケティングという枠組みのなかでリスクを回避しようとする。だから、主観的なインサイトを論理的なプランに見えるよう、仕立てなければならない。

理屈が通るようにマーケティング戦略に組み入れれば、直感で見つけたインサイトであっても納得性が高まる。次に挙げる「プランニングのプロセス」に沿って、インサイトを組み込んでいこう。ただし、筋が通らないような矛盾が出てきた場合は要注意。そのインサイトが間違っていないか、改めて検討しなければならない。

①カテゴリーやブランドの現状の把握

大枠は、定量調査からの分析などをもとにして、核心となるような問題や機会だけを、インサイトから特定しよう。キモはインサイトにあるのだが、大枠をデータ（数字）で固めているので、納得性が高まる。

②ターゲット

まず、ビジネス・ソースやターゲット・グループを、定量調査をもとに絞り込む。ここまでは通常のマーケティング手法だから、だれもが納得する。そのうえでインサイトを「ターゲットの深層心理」として紹介する。複数のターゲット・セグメントがある場合でも、それらに共通するホンネとしてまとめる。

③ポジショニング

ポジショニング・マップなどを駆使して客観的に見せよう。大枠の方向性を示したうえで核心となるポジショニングを提示したほうが、理解してもらいやすい。また、そのポジショニングを達成するためのプロポジション（消費者への提案）を出すときも、必ずインサイトに基づいていることを強調しよう。ターゲットのところできちんとインサイトを提示できていれば、なぜこういうプロポジションが消費者の気持ちをとらえるのかを説得できる。

最後に、製品やサービス、流通や店舗、広告などのプロモーション、価格など、マーケティング活動の指針にインサイトを組み入れる。消費者がこういう気持ちでいるから、こういう活動を行うべきなのだということを理路整然とまとめるのだ。

コツは、大枠をデータ（数字）で固めること。定量的なデータをまったく使わないで主観的なインサイトを通すことは難しい。客観性を持たせるために、データや関連する記事などを付けることも多い。また、必ず大枠から入ること。いきなり核心（インサイト）から切り出してしまうと、それが鋭く大胆なものであればあるほど、見せられた側の抵抗感が強くなる。インサイトは宝物である。大事に、もったいぶって出すようにしよう。

間違っても、インサイトそのものを量的に検証しようとしてはならない。インサイトとして定着させた文章を定量的に調査したら、とんでもないことになってしまう。ホンネを突いていればいるほど、消費者には否定されやすい。痛いところを突かれた人間は、防衛本能が働くのだから。友人同士などで、「あの人に、気があるでしょ」と指摘されて図星だと、認めるどころか怒ったり無視したりする人が多いだろう。それと同じである。

インサイトを活かすためのスイッチ

インサイトは、実際の活動に活かされ、状況を打開してはじめて意味を持つ。他部門とチームを組むときの心構えとして、下記のスイッチをオンにしよう。

【ブリーフィング・セッション】インサイトを共有するためのミーティング

□インサイトは一緒に仕事を始める出発点。指示を出すためのものではない。

□インサイトは、活動案を出す刺激となるもの。書類だけに頼らず、雑誌の記事、撮ってきた写真やビデオなど、いろいろなツールを使って見せよう。

□事前に話し合ってフィードバックをもらおう。先にインサイトや戦略の承認を取ってしまうと現場に押し付けることになり、よい結果を生まない。

【レビュー・セッション】活動案やアイデアを持ち寄ろう

□画期的な活動案が出るかどうかは、自分が出したインサイト次第。実際に世の中に出て行く実施案に責任を持とう。

□出てきた活動案を理屈で見ない。消費者は好きか嫌いかでしか見ないから。

□インサイトをうまくとらえた活動案かどうか､大きな視点から見よう。戦略のチェックリストを持ってきて尋問するような見方をしてはならない。

□画期的な活動案が出て来なかったら、一緒に前向きに考えよう。それでも出ない場合は、新しいインサイトを探そう。いくら素晴しいインサイトに見えても、画期的な活動案が出なかったら、意味がない。

□画期的な活動案が出てきたが、インサイトとずれているときは、前向きに悩もう。

- その活動案はどういうインサイトをとらえているか、ブランド戦略や他の活動のインサイトと整合性が取れるかを見直してみよう。
- 戦略上、大きな問題がなく、もとのインサイトからはそれ以上よい活動案が出なかったとしたら、その活動案を採用しよう。
  （ビジネスは結果がすべて。それまでインサイトを見つけ、戦略を立ててきたことは、けっして無駄ではない）

第3章

インサイトが突破口を開く

1 問題解決の背後にインサイトあり

第3章では応用編として、インサイトが実際にどのような効果をもたらすのかを見ていこう。

世の中には、インサイトをとらえて成功したと思われる例がいくつもある。それらを、多くの企業やブランドが抱えている代表的な課題ごとに紹介していこう。

最初に取り上げる「ターゲットのホンネを見直す」「イメージを変える」「マーケットをつくる」の三つは、インサイトが得意とする戦略的な課題だ。みなさんも、インサイトがこれらの課題を解決することは容易に想像できるだろう。どの成功例も、インサイトをうまくとらえることで、行き詰まった状況を打開したり、新しいビジネス・チャンスを生み出したりしている。

続く「流通・販路を見直す」「プレミアム価格をつける」の二つは、具体的なマーケティング活動における戦術的な課題なので、意外に思われるかもしれない。しかし、成功例では、インサイトにもとづいた活動が各課題を解決するだけでなく、カテゴリーやブランドを大きく成長させている。マーケティング活動一つひとつであっても、インサイトを活用することがいかに大切か、おわかりいただけるだろう。

実際の仕事のプロセスでは、まずインサイトを見つけたうえで具体的な活動案を考えていくことになるが、この章では世の中の成功例からさかのぼり、背後にどういうインサイトが隠されているのかを見つけ出す演習をしてみよう。そうすることで、インサイトがどういった問題を解決するときに役立つのか、実際にどうビジネスに活用するのかが実感できるだろう。

同時に、こうした演習は、普段の生活のなかで接する情報への感度を高めてくれる。人気番組がとらえている視聴者の気持ちを感じ取ったり、新聞記事の背後にある人の思惑を想像したり、雑誌の特集の底辺に流れているホンネや感情を探ったり。そうしていると、いつも接しているいろいろな情報を、新しい視点から見ることができるようになる。

ぜひ、この章のような演習を日常的に行っていただきたい。さまざまなカテゴリーの奥に隠されているホンネを見つけ出せれば、それを自分が担当しているカテゴリーやブランドに取り入れることができる。また、このなぞ解きを習慣にしていると、仕事中でもインサイトを見つけるアタマに、うまくスイッチを切り替えられるようになる。

2 ターゲットのホンネを見直す

ビジネスが行き詰まっているときは、まず、ターゲットの気持ちを見直してみよう。長い間、そのカテゴリーを担当していればいるほど、ターゲットのことは自分が一番わかっているつもりになる。一方で、その業界や仕事の常識にとらわれていることも意外と多い。だから一度、頭をからっぽにしてみよう。思いもよらなかったホンネが見えてくることがある。

ここでは、まだだれもとらえていないターゲットのホンネを見つけ出し、業界の常識を打ち破るような活動を行って成功した例を取り上げてみよう。それは、消費者の心をとらえているだけでなく、競合とは明らかに差別化された独自の活動となっている。

本当のニーズを見つけたスキー・リゾート

みなさんは最近、スキーを楽しみましたか。かつてはよく行ったけれど、すっかり足が遠のいた、という方も多いのではないだろうか。

バブル期以降、スキー人口は減る一方だ。若い層でスノーボーダーが増えたとはいえ、スキーヤー、スノーボーダー合計の人口は減少している。一人当たりの、行く回数も減っているのだろう。かつては、リフト待ち数時間というゲレンデもあったというが、いまではほとんど待ち時間なし、待っても五分程度というところが多いという。

そのため、スキー場の経営は厳しく、閉鎖に追い込まれたという話もよく聞く。スノーボーダー歓迎、小さな子供連れでもOK、近くて安い、などの特徴を打ち出していかないと、なかなか生き残れない。

そうした厳しい環境に置かれている、あるスキー・リゾートの例を取り上げてみよう。

そのスキー・リゾートは以前、日本で初めての本格的なスキー・リゾートとも呼ばれた、大規模なものだった。北海道の大自然の中に何棟もの高層タワーホテルが並び立ち、スキー場の頂上まで、快適なゴンドラ一本で上がることができる。ガラス張りのプールやスパ（温泉）があり、レストランなどの施設棟も完備。すべての施設はガラス張りのチューブ（通路）で結ばれ、寒風にさらされることなく行き来できる。

また、このリゾートまでは、札幌からリゾート・エキスプレス（ヨーロッパのリゾート列車を思わせる、専用の直通特急列車）で結ばれており、駅とリゾート施設も専用のバスでつながれている。列車に乗ってから、駅に着き、ホテルにチェックインするまで、すべてがリゾートの快適さなのだ。

ただ、最大の弱点は、距離の遠さと値段の高さにあったのだろう。仮に東京から行くとなると、飛行機代に列車代、豪華なホテルの宿泊代金がかかる。近くに民宿などはほとんどないので、このホテルに泊まるしかない。ある意味、非常にバブル的な豪華さといえるかもしれない。そんなことで、このスキー・リゾートも、バブル崩壊後、不景気が深刻になるとともに経営が厳しくなったと言われている。

しかし、画期的な施策を打ち出して見事に復活を遂げた。それは、このスキー・リゾートを冬の間中「クリスマス」にしたのである。一二月から三月まで、雪がある限りいつでもクリスマスなのだ。ホテルの玄関口には大きなクリスマス・ツリーが置かれ、イルミネーションがきらめいている。そこかしこでクリスマス・ソングが流れ、目を見張るような白銀の世界が広がっている。ゲレンデには幸せそうなカップルがあふれ、レストランでは寄り添ってロマンチックなディナーを楽しんでいる。

つまり、「毎日がクリスマス。海外のような本格的スキー・リゾートでロマンチックに過ごす、完璧なクリスマス体験」を打ち出すことで、見事に成功を収めたのである。

では、この「毎日がクリスマス」という施策には、どういうインサイトが隠されているのだろうか。カップルたちのどういうインサイトをとらえたことで、成功したのだろうか。一緒に考えていくことにしよう。

まず、カップルたちは、スキーをスポーツというより、ロマンチックなものとしてとらえていたということだろう。考えてみれば、白銀の世界はきれいだし、夜になってライティングされたゲレンデは何とも言えず幻想的だ。スポーツとしてスキーをするなら、もっと近くて安いところや、変化に富んだ本格的なコースを持つスキー場もある。同好会であれば、民宿で合宿スキーをしたっていいわけだ。同じスキーであっても、カップルで行くときは、求めているものがまったく違うということだ。

また、これだけリッチなスキー・リゾートであれば、せっかくならクリスマスのときに行きたくなるだろう。ここぞという場所で特別なひとときを過ごしたいと思うのは自然なことだ。しかし、クリスマスは一日しかないから予約が殺到する。

この一日に予約が殺到することこそ、ロマンチックなひとときに真のニーズがあるという証しだろう。滑ることだけを考えれば、二月のほうがずっと雪質もいいし、積雪量も豊富だ。いい状態でスキーを楽しむことより、ロマンチックな気分に浸ることのほうが大切だというホンネが、ここから読み取れるだろう。

そのとき、本当のクリスマスの日であるかどうかは、それほど大きな問題ではないだろう。たいていの日本人にとってクリスマスは宗教的な行事というより、あくまで一つのイベントである。日にちよりむしろ、雰囲気が大事なのだ。

ここでのキー・インサイトは、「白銀のリゾートには、やっぱりクリスマスに行きたい。でも、一日しかないから、なかなか予約が取れない」となる。だから、このリゾートは、「毎日がクリスマス」というコンセプトを打ち出したのだと思われる。

完璧なクリスマスを体験してもらうため、このスキー・リゾートではあらゆる活動を統合した。ヨーロッパ風で窓の大きいリゾート・エキスプレスでゆったりとリゾートへ。泊まるのは優雅な低層ホテル、モダンな高層タワー、ヴィラ（別荘）といった個性的な施設。クリスマスを演出するイルミネーションは、ツリーだけでなくいたるところで見られる。雪の彫刻やかまくらもライトアップされている。

BGMのクリスマス・ソングは、ときには楽しくワクワクした気分に、ときにはロマンチックに、ときにはおごそかな気分にしてくれる。リフトは、プライベート感覚のフード付きペアリフト。リフトに乗っている間も二人きりでいられる。レストランやバーからはライトアップされたゲレンデが見え、スパからも一面の銀世界が見渡せる。さらには、モダンな教会もあり、思い出のリゾートで挙式までできる。

このスキー・リゾートは、カップルのホンネを掘り下げ、それに特化したのだ——しかも徹底的に。それによって、ほかのスキー場と差別化した。また、高い旅費と宿泊費を出すだけの「特別感」を感じさせることに成功したと思われるが、いかがだろうか。

サラリーマンの心をくすぐるビジネスホテル

今度は、リッチさとは対極にある、機能的なビジネスホテルを取り上げてみよう。

ビジネスホテルも、いろいろなホテル・チェーンが進出している競争の激しい業界だ。一流と呼ばれるシティホテル・チェーンであっても、撤退を余儀なくされる場合も多い。

そういうなかにあって、あるビジネスホテル・チェーンは、一泊六〇〇〇円前後の低価格を打ち出すことで集客に成功している。たいていのサラリーマンは出張するとき、宿泊費をできるだけ抑えようとする。あわよくば、決められた出張手当や宿泊費より安く泊まって、差額をせしめたい（?）。だから、宿泊料金が安いことは非常に重要だ。

このビジネスホテル・チェーンは、低価格でも利益を出せるよう、まず内部コストを徹底的に抑えている。たとえば、土地と建物を賃借して運営する方式を採っていること。自社で土地を購入しホテルを建設するのではなく、土地のオーナーにホテルを建ててもらい、それを賃借するのだ。しかし、ホテル建物のメインテナンスやリニューアルは自社で負担するため、そのコストを削減するためのノウハウを蓄積している。また、本社の人員を三〇人以下と最小限に抑えるなど、さまざまな内部コストの削減に努めている。

さらに宿泊だけに特化して、サービスをできるだけ合理化している。いままでのホテル業界の常識からいえばシンプルすぎて、寝るスペースを提供しているだけではないか、という声も聞こえてくるほどだ。

とはいえ、単にサービスを切り詰めて質素にしただけでは、宿泊客の満足度は下がり、リピーターを見込めない。その点、削っても問題のないポイントを見極めており、顧客満足度は非常に高いと言う。

では、何を削り、何を充実させているのだろうか。まず、このホテルには、レストランがない。宴会場もない。ドアマンもいなければ、ベルボーイもいない。ルームサービスの要員もいない。また、室内には、デスクと呼べるような机がない。テレビ、電話、ドライヤーなどを置く台のようなものがあるだけだ。さらに、冷蔵庫には何も入っていない。

一方、ベッドは一四〇センチ幅の大型で、ゆっくり眠れる。自販機のソフトドリンクは、一〇〇円据え置き。新聞を無料で読める。朝のパンとコーヒー、あるいはおにぎりと味噌汁を無料で食べられる。ズボンプレッサーが各部屋にあって、無料で使える。また、ロビーには、無料でインターネットが利用できるよう、パソコンが用意されている。

これらの施策を決めるうえで、インサイトは欠かせないだろう。出張してきたサラリーマンが本当に望んでいることは何か。ホテル業界の常識であっても、実は彼らにとって、どうでもいいことは何なのか。一緒に考えてみることにしよう。

まず、レストランをなくしたのは、どういうインサイトをもとにしたのかを考えてみよう。サラリーマンが出張する場合、人と会うことを目的としていることが多い。自社の支店や営業所などに行く場合でも、取引先に行く場合でも、打ち合わせや業務をするだけでなく、人間関係をつくることが目的になっている場合が多い。業務だけなら、たいていはメールや電話で事足りる。わざわざ出張するというのは、「人に会うため」ということだろう。

出張の場合、仕事が終わったあとに飲みに行くことが多いのではないだろうか。出張先の相手も、遠くからやってきた人と親交を深めるのを楽しみにしていることが多い。だから、ホテルに帰ってきてから食事をする可能性は限りなく低い。また、前泊する場合でも、準備は出発前にできていることが多いし、同行者がいたりすれば、ほぼ間違いなく外へ食べに出る。せっかくなら、その土地の旨いものを食べてみたいというのが人情というものだろう。

だから、ビジネスホテルにレストランがなくても、困る人は少ないと思われる。簡単な朝食を無料で出してくれるのはうれしいが、夕食を取るような施設は必要ないということだろう。

また、一流ホテルのレストランであっても、高い割にいま一つ、外で食べたほうがお得というイメージを持っている人が多いのではないだろうか。ビジネスホテルであればなおさらである。立派なレストランを用意しても、客の期待に応えるのは並たいていではない。

では、部屋にちゃんとした机がないのは、どういうインサイトをもとにしたのだろう。もし外で飲んで帰ってきたとしたら、あとは寝るだけ。部屋で仕事をする確率はかなり低い。また、前泊する場合でも、前述のように大半の準備は終わっていることが多い。資料を読み返すことはあっても、いちからつくる場合は稀だろう。万が一、パソコン作業が必要になったら、ロビーで仕事をすればいい。だから、最小限のもので十分なのだ。

一方、ベッドが広めでゆったりしているというのは、移動で疲れたサラリーマンにとってうれしいものだ。酔っ払って寝るだけという状況を想定すると、何もなくていいから、ベッドだけは清潔で、快適であってほしい。ぐっすり眠りたいというのがホンネだろう。

また、ちょっとしたサービスが印象をよくする。自動販売機の飲み物がいまどき一〇〇円で据え置かれていると、妙にうれしい気分になる。シティホテルの部屋の冷蔵庫なら、ジュースが三〇〇円ぐらいするのだから。また、新聞も欠かせない。商談の初めに雑談するとき、今日のトップニュースが話題に上るかもしれない。新聞を朝読むのが習慣になっているサラリーマンも多い。生活のリズムに合ったサービスは、気が利いていると感じさせるものだ。

このビジネスホテルは、宿泊に特化し、出張してきたサラリーマンが本当に望んでいることだけを充実させ、それ以外のどうでもいいと思われているサービスを、思い切りカットした。インサイトを突き詰めて成功した典型的な例だと思うのだが、いかがだろうか。

3 イメージを変える

イメージを変えたら、ビジネスが好転するのではないか。そう感じたり、そのような指示を受けたりすることは多いだろう。しかし、目先を変えるだけのイメージ・チェンジが成功することはまずない。どうもイメージが古い、時代に合っていないと感じたら、消費者のホンネを探ってみることだ。

ここでは、消費者のホンネをしっかりとらえ、イメージ・チェンジに成功した例を取り上げてみよう。どういう本質的な気持ちをとらえているかが、よくわかるだろう。

進化する居酒屋

居酒屋、特にチェーン店のイメージが、大きく変わってきていることに気付かれた方は多いだろう。大勢でワイワイ騒ぐような店は、めっきり少なくなった。どこの街に行っても見かけるような、均一的なチェーン店も影を潜めた。

居酒屋は、常にさまざまな業態や特色の打ち出し方を模索しているが、それは、多様化する客のニーズをなんとかとらえようとしているからだ。そのなかで、流行ってもすぐ衰退する店がトレンドを追いかけた店だったとすると、継続的に成功している店は、消費者の潜在的なニーズなど、底流に流れるホンネをしっかりつかまえている可能性が高い。

では、成功している居酒屋の新しい業態にはどんなものがあるか、どんなインサイトをとらえたのかを見ていこう。

まず一つめは、「個室化」。流行っている居酒屋の多くは、個室化が進んでいる。どんなに一部屋が狭かろうが、仕切り方がチープであろうが、部屋を細かく区切っている。テーブル席であっても、客同士が見えないように工夫を凝らす。そして、照明は暗め。できるだけ落ち着いた雰囲気を醸し出しているところが多い。この裏にあるインサイトは何か。

まず、かつてのように、サラリーマンが宴会をしたり、若者がグループで盛り上がったりすることが少なくなったことが挙げられるだろう。いまや、部や課単位で宴会をする会社はかなり減った。上司が飲みに行くぞと言っても、付き合わない若い社員も増えたという。

若者同士であっても、それは同じ。大勢で集まって騒ぐという飲み方は少ない。できれば少人数の、気の合った仲間だけで話をしたいのだ。カップルも、まわりの人が目に入らない個室に入り二人でゆっくり話をしたい。

昨今の「隠れ家」人気とも合い通じるところがある。大手チェーン店の場合、立地がよすぎて隠れ家にはならない。しかし、人気の高い隠れ家的な料理店は値段も高く、とても普段使いはできない。そういう若者たちにとって、居酒屋の個室こそが、隠れ家的な雰囲気を味わう場所なのではないだろうか。

つまり、「個室化」に見るインサイトは、「気の合う仲間だけで、こもりたい」である。

二つめは、「低アルコール化」。最近の居酒屋は、低アルコールのドリンク・メニューが中心になっている。ビールは定番としても、アルコール度数の低いチューハイやワイン、カクテルなどが中心になっている。ここにあるインサイトは何か。

いまの若者は、酔っ払うのはカッコ悪いと思っている。また、居酒屋に来るのは話をしたり、ごはんを食べたりするためで、酒を飲むのが目的ではない。だから、酒はちょっとあれば十分なのだ。強い酒が登場する機会はほとんどなく、ウイスキーを飲んだことがないという男性も増えている。だれかに勧められたこともなければ、酒店で買って家で飲むこともない。そういう飲んだ経験のない酒を、居酒屋で注文することはまずないだろう。

「低アルコール化」の裏にあるインサイトは、「酒よりも、ごはんと話」である。

三つめは、「ファミレス化」。居酒屋はもはや大人だけの場所ではない。家族みんなで、子供も含めて食事をする。成功している居酒屋では、ごはんメニューが充実しており、ファミリー客の比率が四〇%を超えているところもあるという。

なぜ、家族は居酒屋で食事をするのか。ごはんメニューさえ充実していれば、家族だれもが満足できるからにほかならない。居酒屋メニューは一品の量が少ないからいろいろ頼める。お父さんも、お酒を飲みたければ飲める。子供は子供で、食べたいものを注文する。少なくとも、お父さんは毎晩酒を飲んで帰り、母と子は家で食事をするというバラバラの状態よりは、ずっと「家族団らん」ができるということだ。

「ファミレス化」の裏にあるインサイトは、「それぞれがわがままをいえれば、家族は集える」である。

居酒屋のなかには、いろいろなインサイトが詰まっている。若者のホンネ、家族のホンネ。隣に座ったグループを見ているだけでも、役に立つことがある。

待ち時間を見えるようにする仕かけ

今度はもっと身近なところ、街中の路線バスに目を向けてみよう。事情がなければ利用しない、という人は多いのではないだろうか。道路の混み具合によっては大幅に遅れるし、時刻表はほとんど頼りにならない場合も多い。時間が読めないし、使いにくいと感じているからだろう。

しかし、最近、バスの運行状況を示す電光掲示板が設置されるようになってから、ずいぶんイメージがよくなったという。乗客数もわずかながら増えたところもあるとのことだ。この電光掲示板は、次のバスがどのあたりまで来ているか、表示されるというものだ。別に、バスの運行が正確になったわけではない。そこには、実に単純なインサイトが隠されている。

それは、何の目途もなく待つのはだれもが苦手だということだ。バスが時間どおりに来ないということよりも、待っている時間がイヤなのだ。電光掲示板が設置されるまでは、いつバスが来るのか見当もつかなかった。ただひたすら待つしかない。本当にバスは来るのか、あとどれくらい待てば来るのか、と不安になるのだ。

どのあたりまでバスが来ているかわかるだけでも、だいぶ落ち着くものだ。正確にあと何分で来るかはたいした問題ではない。「目途さえつけば、人はイライラしないで待つことができる」というのが、この電光掲示板がとらえたインサイトだろう。

これと同じことは横断歩道の信号にもいえる。信号が青に変わるまでの経過を示す電光掲示板をつけただけで、信号を無視して渡る歩行者が減ったと聞いた。不思議なことに、あとどれくらいで信号が変わるのかがわかると、無理して渡ろうという気持ちにならないのだ。

その最たるものが、パソコンでダウンロードをしているときの表示だろう。もし、重いファイルなどをダウンロードしているとき、何の表示も出なかったとしたら……。想像するのも恐ろしい。どのくらい待てばいいのか、ちゃんとダウンロードできているのか、フリーズしていないか、かなりの人が不安な気持ちに陥るだろう。

人は、目途のないまま待つことは苦手だ。反対に、目途さえついていれば、仮に多少待たされたとしても我慢できる。バスの運行状況を示す電光掲示板、信号が青に変わるまでの経過を示す電光掲示板、パソコンのダウンロード中の表示など、実に身近なところにインサイトは活かされている。

このようなちょっとしたインサイトでも、いまあるビジネスのサービスを改善したり、顧客満足度を向上させたりするのにも役立つのではないだろうか。一見ビジネスとは関係ない、身近なイライラのもとが、思わぬアイデアにつながることもあるのだから。

4 マーケットをつくる

新しい市場をつくる場合、必ず何らかの障害（バリア）がある。何の障害もない大きなマーケットが、手つかずで残っていることはまずない。たいていは、だれかが挑戦してうまくいかなかったか、挑戦をやめたかのいずれかだ。障害は、技術上にある場合を除けば、ほとんどが消費者の心の中にある。

九〇年代半ば、セルビデオ（市販ビデオ）は、消費者の心のなかにあった「ビデオといえばレンタル」というバリアを打ち破り、新しいマーケットをつくり上げた。では、セルビデオがこのバリアを打ち破るため、どんなインサイトをとらえたのか、探っていくことにしよう。

セルビデオ：レンタルという習慣を打ち破る

いまでこそＤＶＤが普及し、低価格のソフトも数多く発売されているが、ほんの一〇年前、九〇年代半ばまでは、映像ソフトはレンタルで楽しむのが一般的だった。大ヒット映画がビデオ化されると、人々はレンタルビデオ店に殺到したものだった。

そんななか、初めてセルビデオで大ヒットを記録したビデオがある。その作品は夢があり、ストーリー性に富んでいて、家族みんなで見たくなるような、子供から大人まで楽しめるエンターテイメントだった。映像ソフトを「買う」という道を切り開き、セルビデオ市場そのものをつくり上げたのだ。

九〇年代当時は、ビデオといえばレンタルという固定観念があったため、まずそれを打ち破る必要があっただろう。単に映画を見たいなら、借りればよい。そうではなく、ビデオを買う手もあるのか、と気付かせ、さらにはビデオを持っていたいという気持ちにさせる活動が必要だったはずだ。

その頃は、映画会社もビデオ販売会社も、ビデオは映画のおまけ、くらいにしか考えていなかった。ビデオの販促は映画の延長線上でしかなく、宣伝文句も「〇月〇日ロードショー」が、「〇月〇日ビデオ新発売」に変わっただけという印象だった。

価格はマニアでなければ買わないほど高く、販売ルートもビデオ・ショップやＣＤショップに限定されていた。「買う」より「レンタル」すればいいと思うのも、無理はなかったのだ。

では、そのセルビデオだけがなぜ、消費者の習慣を変えることができたのだろう。

本当のターゲットは若い女性か、お母さんか

まず、ターゲットをだれにするかが、非常に悩ましい問題だっただろうと思われる。それまでビデオを買っていたのは、独身の若い層が中心だった。映画に行くのも、気に入った作品をビデオで持っておこうと思うのも、独身の映画ファンだった。この映画の場合も、映画館に来ていたのは、若い女性のグループやカップルが中心だった。

だからまず、若い女性がターゲットとして浮かんだはずだ。映画を見に行く人が多いし、友達の間でもよく話題になる。そして、ヒットした作品がビデオ化されると聞くと、「買う、買う。絶対買う」と目をキラキラさせて言うのは、ほとんどが若い女性だ。

しかし、「絶対買う」と言った若い女性の大半が、実際には購入しないのだ。けっしてウソをついているわけではない。欲しいとは思うのだが、お金の使い道がいろいろありすぎて、つい後回しになってしまうのだ。それに、次々と公開される新しい映画を見るほうが、彼女たちにとっては優先順位が高いのだ。

ほかのターゲット候補としては、「子供から大人まで楽しめる」という点に注目すると、お

母さんが挙げられるだろう。この作品は、子供にもお母さんにも人気があった。ほかの子供向け作品とは違って、映像も音楽もクオリティが高いという定評があり、暴力的なシーンも出てこないので、安心して見せられると思われていた。

お母さんたちがこの作品を映画館に見に行かなかったのは、けっして興味がないからではない。子供が小さいので、映画館で落ち着いて静かに見てくれるかどうかが心配だったのだ。小さい子供を持っているお母さんが映画館よりビデオを選ぶのには、そういう心理も働いている。だから、お母さんたちは子供のために、よくビデオをレンタルしていた。ビデオを「見る」という素地はあったのだ。しかも、その行動のなかに大きなチャンスがあった。それは、お母さんたちは子供にせがまれて、何度も「同じビデオ」を借りているという事実だった。

レンタル店に子供と一緒に行ったとき、「それは、もう見たでしょ」とお母さんが言っても、子供は「これがいい。もう一回見たい！」と言い張るのだ。そう、子供は気に入った作品を何度も何度も見る。いつも同じ場面で、喜んだり興奮したりする。次に主人公がこう言うんだよ、とセリフまで覚えていたり、主題歌も覚えて一緒に歌ったりして楽しんでいる。

私たちが子供の頃、同じ絵本を何度も読んでもらったのと同じだ。ストーリーがわかっていても、セリフまでわかっていても、見るたびに満ち足りた気持ちになるのだ。

お母さんたちは、ビデオはレンタルすれば十分だと思いながらも、同じビデオを何回も借りるのは、もったいないと感じていた。まさに、セルビデオが提供できる利点ではないだろうか。買ってしまえば、思う存分何度でも見ることができるのだから。

お母さんのさまざまなホンネ

どうやら、ビデオを買ってくれる可能性が高いのは、子供を持つお母さんではないだろうか。実際にふたを開けてみると、購入者のほとんどはお母さんだったようだ。そうはいっても、ビデオはレンタルするものという思い込みは強かったことだろう。買ってもいいかな、と思うのはどんな気持ちになったときか。ターゲットが見えたら、インサイトを探ってみよう。

ホンネの一つめは、「自分が見たい」ということ。自分が見たいと思えば、子供にも見せたいという気持ちになる。自分が感動しそうだからこそ、その感動を子供と共有したいと思う。だから、まずはお母さんが好感を持ち、見たいという気持ちになることが第一歩だ。

その点、この作品はお母さんにも人気が高かった。レンタルのように返却日を気にすることなく、ゆっくり落ち着いて見たいと思っている。ただ、自分が見たいというだけでは気がひけて、買うまでにはいたらないだろう。

そこで二つめのホンネが、「子供が喜んで見るかどうか」である。いくら自分が見たくても、子供が見ないのでは、ビデオを買っても無駄になってしまう。さらにいえば、子供が何回も見るかどうかが気になる。一回しか見ないのなら、レンタルで十分だ。

だから、子供からどれくらいせがまれるかを、お気に入り度合いを測る一つの目安にしている。子供に駄々をこねられて仕方なく買っているように見えても、その実、お母さんたちは子供が何回も見そうかどうか、しっかりチェックしているのだ。

三つめのホンネは、「家族みんなで楽しめるかどうか」である。家族みんなで見るのであれば、買っても高くはないかと考える。ここで、お母さんは急にお父さんのことを思い出す。お父さんも見るなら買ってもいいか、という言い訳が浮上する。実際、お父さんが一緒に見ることはほとんどなかったとしても、買うときの「だし」に使われるわけだ。

四つめのホンネは、「ビデオはベビーシッター代わりになる」ということだ。何か家事をしたいとき、子供にビデオを見せておくと、その間はおとなしくしているので用事がはかどる。ビデオの前に子供を放っておくことにはちょっと罪悪感があったとしても、山のような家事を抱えるお母さんにとっては、ビデオは救いである。

このように、ビデオにからむホンネはいくつもある。そのなかで、お母さんたちがビデオを買う気になる「ホット・ボタン」はどれだろう。どこを押せば、レンタルではなく、買うようになるのだろう。その答えがキー・インサイトである。

キー・インサイトは何か

以上のホンネから見て、お母さんたちがビデオを買う気になるのは、「家族みんな」で「何度も見る」と思ったときではないだろうか。この「家族」と「何度も」がカギだ。とすると、「家族みんなで、繰り返し見たくなる」というのがキー・インサイトとなる。そこからは、いろいろな連想が広がる。

「家族みんな」であれば、小学生のお姉ちゃんも幼稚園児の弟も、お母さんもお父さんも楽しめそうだ。みんなで見るなら高くはないし、家族揃ってビデオを見ている幸せな家庭が目に浮かぶ。「繰り返し見たくなる」という点からは、子供が何度も喜んで見そうだし、大人も繰り返し見たくなる作品というのは、クオリティも高そうだ。

このインサイトは、お母さんの気持ちをすべてカバーしているのではないだろうか。子供が見なかったら無駄になるという心配を払拭し、レンタルよりお得と思わせ、幸せな家庭を連想させている。いろいろな連想が広がっていくのが、いいインサイトである。

念のため、別のホンネも検証してみよう。たとえば、「子供は何回も見るから、買うほうがお得」というホンネや、「ベビーシッター代わりになる」というホンネ。これをとらえて、こちらのほうが安上がりですよ、楽ができますよ、と真正面からアピールしたら、きっと反感を買うに違いない。お母さんたちには、いい作品を子供に見せたいという優しい気持ちがある。その愛情を踏みにじるような連想が働くインサイトは、けっしてホット・ボタンにはならないのである。

レンタルするものから買うものへ――お母さんの気持ちをしっかりつかまえることで、このビデオは消費者の習慣を変えることに成功した。インサイトをとらえれば、消費者に行動を起こさせるだけでなく、習慣さえも変えることができるのだ。

キー・インサイトが見つかれば、そこからマーケティング活動を展開することだ。実際に、お母さんたちが買ってもいいと思うレベルまで値段を下げていたし、販路も専門店だけでなく、お母さんが立ち寄りやすいスーパーマーケットなどの量販店にまで拡大されていた。そして「家族みんなで繰り返し見る」という点をアピールしたテレビCMが流れていた。

これらのマーケティング活動は、すべて「ビデオを買う」という行動を起こさせるために統合されていた。もし一つでも、消費者の気持ちにそぐわない活動があれば、そこで購入しようという気持ちは止まってしまう。インサイトを見つけたら、それに向かってすべての活動を統合することが大切である。

5 流通・販路を見直す

流通や販路を見直すうえでも、インサイトは重要な役割を果たす。流通や販路を見直して売上げが伸びることはよくあるが、それは、消費者にとって買うのが便利になったり、楽になったりしたからというだけではない。どういう売場に商品がおいてあるかで、消費者はさまざまな気持ちをその商品に抱くからだ。逆に言えば、どの売場に置くかで、消費者の気持ちをとらえたり、商品への見方を変えたりすることができるのだ。

ここでは、インサイトをとらえた流通・販路の成功例を見ていくことにしよう。

売り場でイメージが変わったシリアル

身近な例として、売り場を変えて成功したあるケースを取り上げてみよう。シリアルはかつて、お菓子売り場の横に並べられていたが、パンコーナーの隣に変えたとたん、売上げが急増したという。中身も同じ、価格も同じ。売り場を変えただけで、である。

いったい、どういうことだろう。消費者にとって、どんな意味があったのだろう。ここにも、成功の裏にインサイトが隠されている。

シリアルは、穀物を焼いただけの自然な食品だ。平らに伸ばして焼けばフレークになるし、そのまま焼けば、ポン菓子状の膨らんだ感じに仕上がる。どちらにしても、穀物にあまり手を加えていない自然な食品だ。

アメリカやイギリス、オーストラリアなどでは、朝食として定着しており、ミルクをかけたり、ヨーグルトと混ぜたりして食べる。子供だけでなく大人も、砂糖がかかった甘いシリアルを食べる。朝食にメープルシロップや蜂蜜をたっぷりかけたパンケーキ、ワッフルなどを食べているので、甘いからといってお菓子というイメージはないらしい。

しかし日本では、砂糖や蜂蜜、チョコレートなどがコーティングされたり、ふりかけられたりしているシリアルは、甘いのでお菓子と思われやすい。さらに、日本に登場した初期の頃は、「おまけ付き」で人気を集めたブランドもあったし、子供が好きだったこともあって、なおさら食事というよりお菓子のイメージが強かったのだろう。

しかも、お菓子売り場の横に並んでいれば、お母さんたちがシリアルをお菓子だと考えるのは無理もなかった。しかも、お菓子売り場の横に並んでいたことから、次のような連想が働いていたと想像される。

「シリアルはポテトチップと形状が似ているから、きっとつくり方も同じようなもの。きっと油で揚げてあるに違いない」。そこから広がる連想は、「体によくなさそう」「カロリーが高そう」「加工度が高そう。自然食品の反対側にあるスナック」といったもの。さらに、「いくら子供が好きでも、あまり食べさせないほうがいいかもしれない」「何種類もの栄養があるとパッケージには書かれているけれど、本当かしら」「甘いお菓子を朝から食べさせるのは、母親として失格」といったイメージが広がっていったと思われる。

お菓子売り場の横に並んでいただけで、ポテトチップ、加工度が高い、朝食には出せないといったイメージまで広がっていく。売り場から、中身や食べるシチュエーションまで連想されてしまうのだ。

シリアルをお菓子としてそのまま売り続ける戦略もあっただろう。しかし、お菓子は競争が非常に激しいマーケットだ。チョコレート、キャンディに、ポテトチップ。おいしい新製品が次々と現れては消えていく。この環境のなかで勝ち続けるのはかなり厳しい。また、お菓子は数も種類も多く、特定のブランドだけを習慣的に食べ続けてもらうのも難しい。ほとんどが何かお菓子がほしいと思ったときにパッと選んでカゴに入れるという、衝動的な買われ方をするからだ。

だから、シリアルをお菓子ではなく、朝食として位置付けようとしたと思われる。しかし、お菓子売り場に並んでいたのでは、いくら「朝食にどうぞ」というキャンペーンを行っても、効果はほとんど上がらないだろう。お菓子売り場からさまざまなイメージ連想が働いているからだ。

そこで、売り場をパン売り場の隣へ移動した。お菓子から朝食へ、イメージの転換を図ったわけだ。ところが、売り場を変えた効果はそれだけにとどまらなかった。シリアルに対するイメージが大きく変わったというのだ。

「甘いものも多いけれど、お菓子というわけではない」「朝食のパンの代わりになる」「パンと同じくあまり手を加えていない食品」「栄養バランスはいいのかもしれない」といった具合だ。さらに、「子供が好きだから、たまには朝食に出してもいい」「甘くないシリアルはダイエットによさそうだから、自分も食べてみようかな」といったイメージまで生まれたという。

お菓子売り場では「ポテトチップの仲間」と思われていたシリアルが、パン売り場に並んだとたん、朝食に食べる「パンの仲間」に変わったのだ。このように、売り場一つ取り上げても、消費者のホンネを知れば、対策を講じることができる。インサイトは、いろいろなマーケティング活動で活用できる考え方なのである。

新しい販路を切り開いたセルビデオ

もう一つの例として、「マーケットをつくる」でも紹介した、ファミリー向けのセルビデオの販路について見ていくことにしよう。

このビデオが大ヒットを記録した要因の一つに、販路を拡大したことが挙げられる。それまで、セルビデオの販路はCD／ビデオ・ショップなどの専門店が中心だった。しかし、このケースでは、スーパーマーケットなどの量販店に販路を一気に拡大したのである。そこには、どういうインサイトが隠されているのだろうか。

このビデオのターゲットは、映画館に連れていけないような小さい子供を持つお母さんと、子供自身だった。このターゲットが実際に購入するまでのプロセスを考えると、自ずと販路も決まってくるだろう。

独身女性は日常的にCD／ビデオ・ショップなどに出入りしていたとしても、小さい子供を連れてわざわざ行くところではない。お母さんたちにとって、最も日常的なお店――それは、スーパーなどの量販店だろう。しかも、子供連れで買い物に行くことも多い。実は、ここにインサイトが隠されている。

実際にはそのビデオは、販売用ラックとともに、スーパーの入り口の目立つところにドーンと置かれていた。店頭に大量陳列されたインパクトは相当なものだった。大型店ではビデオモニターが隣に設置され、主題歌が大音量で流されているところも少なくなかった。

最初に、その異変に気付くのは間違いなく子供たち。ぱたぱたっとビデオモニターに駆け寄ると、じっと見入ってその場を動こうとはしない。もう、完全に釘付け状態だ。

そのとき、お母さんたちは何を思うだろう。お母さんたちにとって、ビデオを買ってもいいかレンタルで済ますかは、子供が見たがるか、何度も見そうか、ということに尽きる。ビデオを買うかどうかという迷いは、子供が夢中になってモニターに見入ることで一気に解消されることになる。

ましてや、ビデオを買ってもらって大喜びしているほかの子の姿でも見ようものなら、子供の「買って！」攻勢はますますヒートアップ。お母さん対子供の対決は、あっさりと子供たちに軍配が上がるだろう。

量販店に販路を拡大したことは、単にお母さんたちが行く店にビデオを置いたということにとどまらない。真のインサイトは、「お母さんは、子供がどれくらいねだるかで、子供が何度も見るかどうかを判断する」ことだった。子供と一緒に買い物に行くところでなければ、そうした子供の反応はわからない。そこで子供を引き付ける店頭プロモーションをしたことが、成功をもたらしたのである。

また、このスーパーへの販路拡大は、気付いたときにすぐ買える、という状況をつくり出した点でも大きな効果があったと思われる。なぜなら、身近なお店にビデオがあれば、レンタルする前にビデオを買ってもらえるからだ。「今度、出かけたときにビデオを買おう」では、どんどん「レンタルする」確率が高まっていく。

ほとんどの人が、一度レンタルしたビデオは、まず買わない。いくら内容がよくても、子供がもう一度見たいと言っても、改めて同じビデオを買う気にはならないのだ。人の気持ちとは不思議なものである。一度でも借りると、「レンタルしたから、もういいや」という気分になってしまう。あるいは、「一回レンタル代を払ったのに、買うのはもったいない」と思ってしまうのだ。

だから、消費者がレンタルする前に、なるべく早くセルビデオを買ってもらわなければならない。そのためには、すぐに買ってもらえるような身近なお店にビデオがあることがポイントとなる。このスーパーへの流通拡大は、「すぐ買わないと、レンタルしがち。いったんレンタルすると、そのビデオは買わない」というホンネをもとらえていたのである。

6 プレミアム価格をつける

最後に、インサイトをとらえることで、プレミアム価格をつけることに成功した例を取り上げてみよう。消費者は、無駄なものには一円たりとも出したがらないが、自分の気持ちを満たしてくれるものにはお金を惜しまない。だから、消費者のホンネを見つけ出し、それを満たすことができれば、価格が高くても人気を集めることができる。

最近話題のハウス・ウエディングが、カップルのどういうインサイトをとらえ、プレミアム価格を設定しているのか見ていくことにしよう。

ハウス・ウェディング：価格競争から抜け出す

ハウス・ウェディングとは、一軒家もしくは別荘などを借り切って行う結婚式のこと。もともともとあった洋館や邸宅をベースにしているところが多いが、最近では、欧風の邸宅でテラスからガーデンを望めるもの、アジアン・リゾートの別荘を思わせるもの、プール付きのゴージャスなパティオ（中庭）があるもの、倉庫を改造してつくられたスタイリッシュなものなど、さまざまなタイプが出てきた。

どれも、半日もしくは一日、貸し切りで結婚式やパーティを行うことができる。結婚式は人前式、もしくはキリスト教式が中心で、チャペルを併設しているところもある。専属のシェフが腕を振るい、料理のおいしさを売りにしているところも多い。カップルの希望に合わせて、オリジナル・メニューを出すところもある。

また、カップルの希望に合わせて、式やパーティをコーディネートするウェディング・プランナーが付いて面倒をみてくれる。数年前に、「ウェディング・プランナー」というタイトルの映画が上映されたので、ご存じの方も多いだろう。実際に日本でもウェディング・プランナーが活躍し始めている。

ハウス・ウェディングは、ここ数年で急速に人気が高まってきたウェディング・スタイルだ。ウェディング市場は一兆円市場といわれているが、全体的には縮小傾向にあるという。団塊ジュニアが三〇歳代に入り適齢期を迎えているものの、大勢としては晩婚化、ジミ婚化が進んでいるからだ。結婚にお金をかける、という風潮はあまり聞かないだろう。

そのため、既存の結婚式場は、一部の高級ホテルなどを除けば、価格競争の渦に巻き込まれている。平日パック、人数限定パック、キャンペーン・パックなど、さまざまなパッケージ商品を提供することで、集客を図っている。しかし、価格が最大の差別化要因では、利幅は圧縮される一方と思われる。

そういうなかにあって、ハウス・ウェディングは高い平均単価を誇っている。ゼクシィ結婚トレンド調査（二〇〇三年）によると、ホテル、一般結婚式場、ともに平均単価は二九〇万円台なのに対し、ハウス・ウェディングは三三七万円となっている。

ハウス・ウェディングは逆風のマーケットにあって、プレミアム価格を維持し、利益をきちんと確保しているのである。

ありきたりの結婚式はしたくない

では、ハウス・ウェディングは、結婚を控えたカップルのどういう気持ちをとらえたのだろうか。なぜ、カップルは高いお金を出してでも、ハウス・ウェディングを選ぶのだろうか。結婚を決めたカップルがどんな思いを持ちながら式場を選んでいくのか、そのプロセスを追いながら、ホンネに迫ってみることにしよう。

結婚することを決めたら、まずどこで結婚式を挙げるかを考える。最初から場所を決めているカップルもいるだろうが、たいていは漠然としたイメージがあるだけなので、一から探し始めることになる。『ゼクシィ』『けっこんぴあ』といった情報誌をめくると、結婚式場に関する情報が、びっしり詰まっていてめまいがするぐらいだ。とっくに結婚している人も、これからの人も、一度見てみるとおもしろいと思う。びっくりすること請け合いだ。

とはいえ、結婚式のパターンはそれほど多いわけではない。一般的な結婚式場のほかには、海外でのウェディング。軽井沢などのリゾート地でのウェディング。ホテルで豪華に格調高く行うもの。レストランで、カジュアルにおいしい食事をしながら、といったタイプに大きく分けられる。

そのとき、漠然としてではあるが、すでに持っている結婚式やパーティのイメージが大きくものをいう。一から式場を探すといっても、まったくの白紙状態からスタートするわけではない。友達や親族の結婚式に参列したり、披露宴に呼ばれたりしているから、ある程度の想像はついている。そして、「どうして結婚式って、どれも同じようなものなんだろう」という疑問を感じているのではないだろうか。

特に披露宴の場合、仲人が付いている場合は仲人の報告、親族代表の祝辞、勤務先の上司や先輩もしくは同僚の祝辞、友人代表の祝辞と続く。花嫁、花婿の入場から、祝辞、食事、キャンドルサービスなどのイベント、お色直し、花嫁から両親への手紙や花束の贈呈といったイベントが、きちんきちんと進んでいく。進行は滞りなく、段取りよく執り行われる。

この定型的というか、画一的な結婚式や披露宴に憧れを感じる人は少ないだろう。少なくとも自分のときは、「もう少し個性を出せたらいいな」とか、「こんなに堅苦しいフォーマルな披露宴ではなく、カジュアルで楽しい感じにできたらいいな」とか思っているはずである。新郎新婦が次々と「ところてん式」に生み出されていく、量産型（?）の結婚式に抵抗を感じてしまうのは、ごく自然なことだろう。

一方、欧米の映画に出てくるウェディング・シーンはどうだろう。広い自宅の庭で、家族と友だちに囲まれて祝福されるパーティ。アットホームで堅苦しくない。テラスやガーデンがあって開放的だ。こういう幸せなイメージに憧れを感じ、それが心のどこかに刻み込まれている人も意外と多い。

憧れと現実の間で揺れるカップル

漠然とではあるが憧れのイメージを持つカップル（特に新婦）にとって、現実のさまざまな結婚式場は、どういうふうに映るだろう。想像してみよう。

まず一般的な結婚式場。最近は「○○閣」といった結婚式場は影を潜め、クラブハウスなどの名称に変えているところが多いが、やはり、これまでどおりの結婚式や披露宴を想像してしまいがちだ。式次第にのっとった祝辞の数々を連想してしまう。

次に、ホテルでの結婚式。最近はホテルの結婚式も、さまざまなバリエーションに富んできている。中庭を使うウェディング、テラスにつながるレストランで披露宴を行うパターンなど、格調の高さだけでなくカジュアルなイメージを取り入れている。

それでも、基本的には、ホテルそのもののイメージが、式のイメージを決定する。一流の高級ホテルであれば豪華さを想起させるし、伝統あるホテルでは格調の高さをイメージさせる。リゾートホテルは、その場所が持っているステイタスに影響される。本人たちも呼ばれた客も、ホテルのランクで、式そのものまでランク付けてしまいがちだ。

だから、ホテルは、式や披露宴に豪華さや格式を求めるカップル（あるいは両家）が、基本的にはターゲットになるだろう。超一流の高級ホテルが強気の価格設定を保てるのはそのためだ。辛いのは、その下にランクされるようなホテルだろう。いくらオリジナリティのあるプランを打ち出しても、やはりカップルや両家からはホテルの格で見られてしまう。

一方、レストラン・ウェディングは、カジュアルさでは一番だろう。人前結婚式が中心だし、そもそも式場ではないから、堅苦しい雰囲気にはならない。料理のおいしさでレストランを決めるわけだから、食事に関しては満足できる。ただ、問題点があるとすれば、結婚式自体のウエイトが低くなってしまうことだろう。昔の感覚でいえば、結婚式の二次会場で結婚式もするようなものだ。ウェディング・プランナーがいなかったり、スペースが狭かったりした場合、結婚式の段取りに支障は出ないか、心配する人もいるかもしれない。

軽井沢などのリゾート地でのウェディングはどうだろう。豊かな緑に囲まれた教会で、家族と限られた友人に祝ってもらう。開放的で幸せなウェディングのイメージは強いだろう。しかし、メルヘンチックなイメージが強すぎて、そうでない志向の人は近寄りがたい。もちろん、距離もネックになる。親族や勤務先の関係者、友人を招待したくても、そう簡単には呼べないだろう。

距離でいえば、海外ウェディングは、その際たるものだろう。呼べるのは双方の親とごく小数の友人に限定されてしまう。場所の雰囲気としては、映画で見たような憧れのイメージに一番近いかもしれないが、たくさんの人に祝ってもらうことはできそうもない。日本語が通じないというところも心配で、いくらコーディネーターを介していたとしても、ドレスの試着はどうするのか、メイクはどうするのか、と段取りや手配に不安を感じる人は多いだろう。

このように、既存のウェディング・スタイルには、それぞれ一長一短があり、決め手に欠けると感じるカップルが多かったのではないだろうか。

特別感がプレミアム価格をつける

その点、ハウス・ウェディングは、これまで満たせなかった潜在的なニーズをがっちりとらえていると思われる。それは、「自分たちだけの、特別なウェディング」をしたいというカップルの思いだろう。

ハウス・ウェディングなら、自分たちだけの、世の中に一つしかない結婚式やパーティを演出できる。会場は一日中、あるいは半日は貸し切りなので、自分たちの好きなようにスペースを使うことができる。たとえば、部屋を自分たちの思い出の品や写真で埋め尽くしてもよいし、共通の趣味が縁で結ばれた二人なら、それをテーマに全体を演出することもできる。スキューバ・ダイビングが共通の趣味なら、海底の雰囲気にしたっていいし、応援しているサッカー・チームが同じなら、そのチームカラーで統一したっていいわけだ。

貸し切りのもう一つのメリットは、同じ日に式を挙げるほかのカップルとかち合うことがないことだ。ほかのカップルが隣で式を挙げていて、もしくは順番を待つといった状況で、「自分たちだけの、特別なウェディング」という気分にはならないだろう。自分たちだけであればくつろげるし、アットホームな雰囲気のなかで祝福を受けられる。

カジュアルでアットホームな雰囲気に、ありきたりの祝辞や式次第は似合わない。堅苦しくて型にはまった「結婚式」のイメージに縛られなくて済むわけだ。カジュアルだからといって安っぽいかというと、そうでもない。たいていはガーデンテラスのあるしゃれた邸宅なので、特別感は十分にある。ホテルのような格調や豪華さはなくても、高級な感じはするからだ。また、夜にはイルミネーションなどで、玄関やガーデンをロマンチックにライトアップするところも多い。

庭があれば、解放感も味わえる。都心の一等地にありながら、リゾートでのウェディングのような心地よさを感じることができる。交通の便がいいので、それなりの人数を呼びたい人には最適なわけだ。

料理の面でも特別感を演出できる。そのハウス専属のシェフがついているし、リクエストを出せば、二人の希望に沿ったオリジナル・メニューをつくってもらうこともできる。だから、レストラン・ウェディングにひけを取らない食事が期待できる。なかには料理の試食会を催しているところも多い。半額程度で、実際に出される料理を事前に確かめられる。ここで、料理のおいしさに惚れ込み、会場を決めるカップルも多いと聞く。

それと関連して、ハウス・ウェディングは、下見に来たカップルへの対応が適切なことも決め手になっているだろう。たいていのカップルは、ブライダル・フェアといった模擬結婚式のデモンストレーションを下見しに行く。そのとき、一般の結婚式場やホテルは、結婚式や披露宴の典型的なパターンを見せるところが多い。ご希望どおりにコーディネートしますとはいうものの、基本型があって、それにアレンジを加えるのだという印象が強い。これでは、やっぱり「ありきたりの、よくある結婚式」を連想してしまうというもの。

その点、ハウス・ウェディングは、定型がないところからスタートし、どういうパーティをしたいのか、ウェディング・プランナーが最初から希望を聞いていく。イメージだけでなく、実際にどういうパーティができそうかという下見の段階で、カップルの心をしっかりつかまえているのが、大きな強みになっていると思われる。

このように、ハウス・ウェディングは、海外に行かなくても、リゾート地に行かなくても、「特別な」「自分たちだけの」ウェディングができるという、カップルのホンネをとらえて成功したのだろう。

価格は、ほとんどがオプションになっている。会場費が固定されているだけなので、基本プランには割安感がある。どこに気合を入れて、どれをカットするかは、すべてそのカップル次第。自分たちが求める演出によって、値段が算出される。だから、基本プランは割安でも、結果としては高額になる場合が多いのだ。それでも、二人で考えた特別な演出だから、と納得してもらえるのだろう。

こうして、ハウス・ウェディングは、ほかのウェディング・スタイルと比べてプレミアム価格を設定しつつ、人気を集めているのである。

この章ではインサイトがさまざまな問題の突破口を開いてくれることをお話ししてきた。次の第4章と第5章では、成功例のより核心に迫っていく。インサイトを発見するところから、マーケティング・プランに結び付けるところまで、実際のケースを見ていくことで、より実感を高めていただきたいと思う。

第4章

ハーゲンダッツ：インサイトがブランドを進化させる

1 プレミアム・アイスクリーム市場をつくる

ハーゲンダッツと聞いたとき、みなさんはどんなことを思い浮かべるだろうか。エンジ色とゴールドのカップか、口の中で溶けていくコクのあるおいしさか。バニラやストロベリーなどのお気に入りのフレーバーを思い出す方、夜ハーゲンダッツを食べないと一日が終わらない、という方もいるかもしれない。

ハーゲンダッツが日本に登場したのは、一九八四年のこと。第一号店が東京・青山にオープンした。本場のアイスクリームのおいしさが話題になり、長蛇の列ができた。とりわけいまの三〇代の女性にとっては思い出深いもので、「彼と一緒に並んで食べたハーゲンダッツのおいしさが忘れられない。その彼がいまの夫なんです。ハーゲンダッツは私の青春そのものです」と、グループ・インタビューで嬉しそうに話す人もいる。当時、ショップの列に並ぶことは、トレンドの先端を行く一種のイベントでさえあった。

著者略歴の追加

桶谷 功（おけたに いさお）

2010年5月独立し、株式会社インサイトを設立。

インサイトを核に、マーケティング全般のコンサルティングを行っています。

インサイトワークショップ®、インサイトブランディング®、ブレイクスルーインサイト®探索調査など独自の戦略メソッドを提唱し、新商品開発やコミュニケーション企画、新ブランドの立ち上げや育成、既存ブランドの再生などを、クライアント企業様と一緒に行っています。

現在、株式会社インサイト代表取締役。


企業、(社)日本マーケティング協会、宣伝会議、自治体などで、講演やセミナー多数。

日本広告学会会員。グロービス経営大学院MBA講師。

株式会社インサイトのホームページ：
http://insightmaster.com

連絡先：
oketani@insightmaster.jp

九〇年になると、アイスクリームの輸入自由化に伴い、グローサリー・マーケット（コンビニなどでの量販）に参入した。一人用のミニカップ（一二〇ミリリットル）で二五〇円という高級アイスクリームを出したのである。それまでアイスクリームといえば、子供が食べる一〇〇円や五〇円のものがほとんどだった。高級アイスクリームとしては、ファミリー向けのレディーボーデン（参入当時は明治乳業、その後ロッテと提携）くらいしかなかった。

そんななか、ハーゲンダッツはプレミアム・アイスクリーム市場をつくり上げ、着実に売上げを伸ばしてきた。発売後すぐにレディーボーデンを打ち破ると、明治乳業のＡｙａ（彩）、フォション、ロッテのダジュールなどの挑戦を次々と退けてきた。いまや、プレミアム・アイスクリーム市場のシェア八〇%以上を獲得するにいたっている。しかもアイスクリーム市場全体、つまり子供向けの一〇〇円アイスなどを含めても、単独ブランドでナンバーワン・メーカーの地位を築き上げようとしている。その成功の秘訣は何だろうか。

たしかに、ハーゲンダッツはおいしい。それまでのアイスとはまるで違うものだった。消費者に聞くと、初めてクッキー&クリーム（アイスクリームにチョコレート・クッキーが混ぜ込んであるフレーバー）を食べたとき、これが本場のアイスクリームかと、感動したという。

ハーゲンダッツは、Dedicated to perfection（完璧さへの献身）というミッションをもとに、常に最高品質のアイスクリームを提供しており、製品テストで自社内のガイドラインをクリアしなければ発売しないと聞く。最近発売されて好調なＡｚｕｋｉ（アズキ）は、開発に七年もかかったという。

とはいえ、おいしさだけで、シェアを八〇％以上も取れるものだろうか。いくらハーゲンダッツがおいしいといっても、競合の製品もそれなりのクオリティを持っている。競合にしかないフレーバーもある。人はいろいろな味を試したくなるものだ。さらに、人によって味の好みが違うので、もっと食べられる製品は分散するのが普通だろう。

消費者（特に女性）に聞いてみると、一日の終わりにハーゲンダッツを食べている人が多い。ひとくち食べただけで、「もう、幸せ」という気持ちになるという。仕事を終えたあとで、あるいは子供や夫（？）を寝かしつけたあとで、一人でゆっくり楽しむのだ。

そう、女性たちはアイスクリームと一緒に「幸せ」な気持ちも味わっている。こういう気持ちをしっかりとらえる結び付きこそが、ブランドの価値というものだろう。幸せな気持ちになれるのはハーゲンダッツだけ、と思わせることに成功したのである。

フェーズごとに採用するインサイトを変える

ハーゲンダッツは一貫してブランドをつくり上げ、強化してきたが、その裏にはどういう消

表4-1 日本におけるハーゲンダッツの歴史

	年	ハーゲンダッツの活動
導入期	1984	青山にハーゲンダッツ・ショップ1号店オープン
	1990	アイスクリームの輸入自由化に伴い、コンビニに販売チャネルを拡大
		ブランド広告:テレビCM開始（〜1997年）
	1991	クオリティ訴求「ナンバー・キャンペーン」開始
	1993	ブランド広告「バス」「ベッド」編オンエア
成長期	1994	ブランド広告「ルーフ」編オンエア
	1996	日米共同開発、第1号商品「グリーンティー」発売
	1998	グリーンティー製品広告「グリーンロード」編オンエア（〜2003年）
成熟期	2000	ミニカップ「ドルセ・デ・レチェ」発売（製品広告）
	2001	クリスピーサンド「キャラメル」発売（製品広告）
	2002	クリスピーサンド「カプチーノ」発売（製品広告）
		ミニカップ「メープルウォールナッツ」発売（製品広告）
	2003	ミニカップ「カスタードプディング」発売（製品広告）

費者の気持ちをとらえてきたかというインサイトが隠されている。

さらには、核となるブランド・エッセンスは変わらないが、採用しているインサイトは、ブランドのフェーズ（段階）によって変えてきていると思われる。主に三つの段階に分けられるのではないだろうか（表4―1）。

導入期にはブランドを構築し、プレミアム・アイスクリーム市場をつくり上げるためのインサイトが必要だった。

次の成長期には、続々登場する競合に打ち勝ってプレミアム・アイスクリームならではの価値を独占するためのインサイトが必要だっただろう。

そして今後は、ハーゲンダッツをいつ

もその時代の空気に合った、新鮮なブランドであり続けさせるためのインサイトが求められるようになるのではないだろうか。ハーゲンダッツがいつまでも、ずっと「幸せ」なブランドでいられるように。

このように、ブランドを長期にわたって発展させていくためには、インサイトが欠かせない。ブランドのフェーズに合った、その時代にふさわしいインサイトが見つけ出せれば、一貫性を持ってブランドを発展させていくことができる。

広告でいえば、キャンペーンごとにメッセージをコロコロ変えてしまうのは、ブランドを育てていくうえで非常にリスキーで非効率的だ。反対に、ブランドのフェーズが変わっているのに、同じキャンペーンを続けすぎるのもブランドを時代遅れにしてしまうおそれがある。

インサイトがあれば、そうした失敗を未然に防ぐことができ、ブランドの一貫性を保ちながら、フェーズごとの課題を解決していくことができるのだ。

ハーゲンダッツの場合、それぞれのフェーズで、どのようなインサイトをとらえてきたのだろうか。私の解釈をお話ししていくことにしよう。

2 導入期：アイスクリームは子供の食べ物

ハーゲンダッツが八四年に日本に登場し、ショップに長蛇の列ができたとはいえ、プレミアム・アイスクリームに物珍しさはあっても、まだそれほど広がりのあるものではなかった。

スーパーなどの冷凍庫は、下を向いてガラス戸を左右にスライドさせて開け、ごそごそと引っかき回してアイスを探す、というタイプのものだった。現在のコンビニのように、目線の高さで手前に開く冷凍庫はなかった。もちろん一〇〇円、五〇円のものが主流だった。

そんななか、ハーゲンダッツは九〇年にグローサリー・マーケットに参入した。一番の課題は、それまでにないプレミアム・アイスクリーム市場を創造すること。しかし消費者の心の中には「アイスクリームは子供の食べ物」という強い固定観念があった。これが最大のインサイトだったと思われる。

ハーゲンダッツはこのインサイトに対応して、アイスクリームを初めて「大人の」ものとして位置付けた。具体的には、「大人が、口と心で味わう究極の喜び」というものだったと聞く。このプロポジションをもとに、新しい市場をつくるため、まずは製品広告ではなく、ブランド広告を展開した。ハーゲンダッツというブランドそのものを、大人のアイスクリームであると印象付けようと考えたわけだ。

それまで、アイスクリームの分野では、製品広告がほとんどだった。だから、個々のフレーバーのおいしさを考えれば、人気の高かったバニラやクッキー&クリームなどを、個別に広告で打ち出していく選択肢もあっただろう。

しかし「アイスクリームは子供の食べ物」という固定観念を、個々の製品のおいしさをアピールするだけで打ち破れるだろうか。二五〇円という価格を納得してもらえるだろうか。やはり、ダイレクトに大人という点をアピールしたほうが効果的だろう。

おそらく、思い切って「大人の」という位置付けを打ち出しても消費者に受け入れられるだろうという読みがあったと思われる。一つには、青山のショップに並んでくれたような「トレンド・シーカー」(トレンドに敏感な人たち)が試してくれそうだということ。もう一つには、品質のいいものにはお金を出す「クオリティ・シーカー」(品質を求める人たち)が日本にも確実に増えてきていたこと。多少価格は高くても、品質の高いハーゲンダッツを受け入れてくれる層がいると見込んだのである。

それは、クリエイティブ表現上にも活かされている。「大人が、口と心で味わう究極の喜び」とは何か。だれもがわかる、子供には絶対味わえない、大人だけの喜びとは……。そこから一連の「官能的な」テレビCMが生まれた（図4―1）。そして、大人のものという強烈な印象を残すことに成功したのである。

しかも、「大人の」というイメージから、高品質な、おいしい、先進的な、洗練された、本場の、などのさまざまな連想が広がっていったと思われる。いろいろなメッセージをいちいち言わなくても、一つのインサイトをとらえたアイデアがすべてを伝える。これこそが、インサイトの真髄ではないだろうか。

第2章でも述べたように、さまざまな連想が広がるインサイトとプロポジションを見つけ出すことが大切だ。ハーゲンダッツの例でいえば、本格的な、洗練された、といったつくりたいさまざまなイメージの中心となるものを探ることである。

その際、「どのイメージから、どのイメージに連想が広がるか」を矢印で図示していくと、核となるイメージを見つけやすい（図4―2）。それを、テレビCMやマーケティング施策に活かしていくのだ。

図4-1 ブランド広告　テレビCM（1993）

「ベッド」編

「バス」編

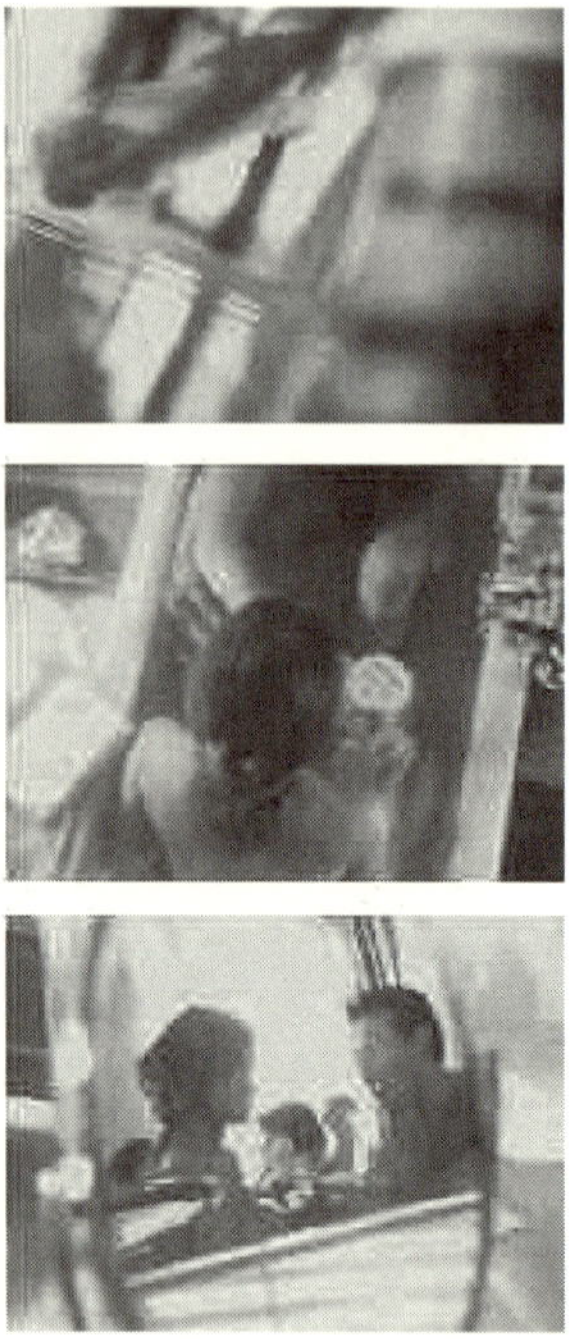

図4-2　イメージ連想

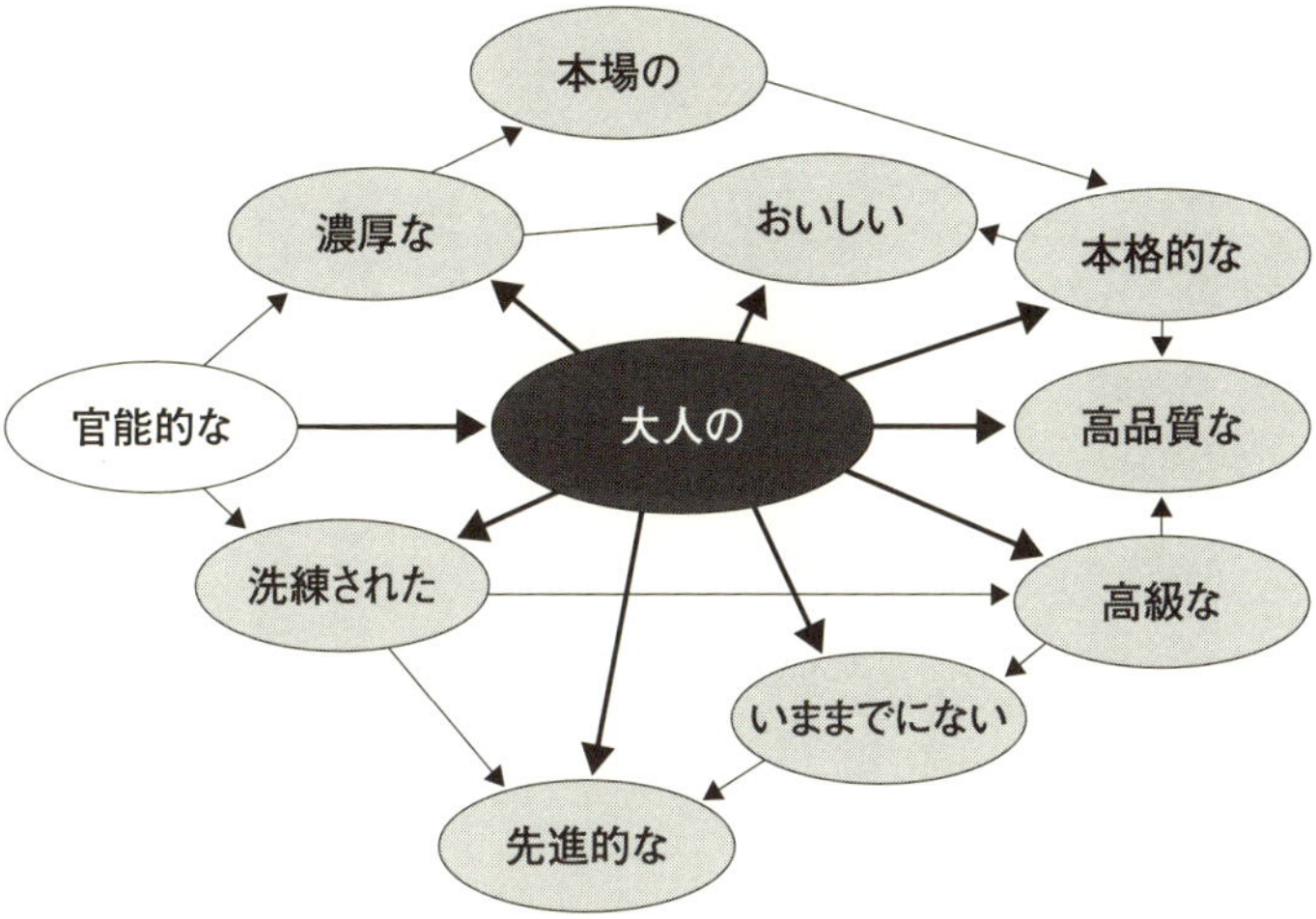

この大胆なテレビCMは、予想外の反響をもたらしたようだ。消費者の間でも、主に主婦からは、「昼間は流さないで。子供が見たらどうするの」「アイスクリームと全然関係ないじゃない」といった声が上がったと聞く。

その一方で若い女性からは、「まるで外国映画みたい」「こんな素敵なコマーシャルは見たことがない」という賞賛を得られたという。

もし、消費者からネガティブな反応が出てくることだけを心配したら、このCMはお蔵入りとなったに違いない。

しかし、新しい市場をつくるには、多少ネガティブな反応があったとしても、「大人の」という強烈な印象を残すことが必要だったのだろう。また、そこから高品質、おいしい、洗練された、などのイメージが連想され、広がっていくことを重視しての判断だったと思われる。

このケースからは、的確なインサイトをとらえることの大切さだけでなく、調査結果の読み取り方、解釈の仕方がいかに大切か、そして、ときには思い切った決断も必要だということを教えてくれているのではないだろうか。

数字でクオリティを見せる

その後、ハーゲンダッツは、この官能的なテレビCMと並行して、「ナンバー・キャンペーン」と名付けられた雑誌広告を始めた。

「ナンバー・キャンペーン」は、数字を使ってハーゲンダッツのクオリティを訴求したものだ。大きく記された数字に興味を引かれて読んでみると、ハーゲンダッツの品質へのこだわりが具体的にわかる。

このキャンペーンを始めた理由は明快だろう。トレンド・シーカーはイメージで動く若い人たちなので、官能的なテレビCMを見て、大人のアイスクリームだと感じ取ってくれれば、ハーゲンダッツを食べてくれる。しかし、品質のいいものを求めるクオリティ・シーカーはそれだけでは動かない。納得すればお金を出してくれるのだが、イメージや気分だけでは財布のヒモを緩めてくれない、しっかりものの主婦たちだ。

やはり、二五〇〇円という価格は高い。大人のアイスクリーム、という新しいイメージには心をくすぐられるものの、それだけでは「いくら大人向けといっても、ちょっと高すぎない？高級なイメージだけで、高くしているんじゃないでしょうね？」という疑問があったと思われる。

だから、気持ちだけでなく、理性やアタマにも訴えかけようということで、「ナンバー・キャンペーン」のような理性的なアプローチの広告が生まれたのだと思われる。もちろん、いくら理詰めで品質のよさを納得してもらうといっても、ハーゲンダッツらしいセンスのよさ、洗練されたイメージは一貫して表現されている。

それでは、実際の広告を見てみよう（**図4―3**）。

一番上の「4」は、生乳がアイスクリームになるまでの日数で、フレッシュさを表現している。ちなみに、ハーゲンダッツは特定の牧場と契約して、牧草地のペーハー値まで管理しているという。

次の「39 μ」（ミクロン）では、アイス・クリスタル（アイスクリームの中の、氷の結晶）という粒子の細かさで、ハーゲンダッツならではのクリーミーさを表している。アイスクリーム内の空気の含有量を抑えることと、このアイス・クリスタルの細かさが、ハーゲンダッツの密度の濃いおいしさを生み出している。

そして、「マイナス26」は、流通での厳しい温度管理を表している。温度が少しでも上がると、アイス・クリスタルが大きくなってしまい、アイスクリームのなめらかさが失われてしまうのだという。品質管理の厳しさやおいしさへのこだわりを感じさせる事実だ。

図4-3 「ナンバー・キャンペーン」(1991〜)

品質については、このように具体的な数字やファクト（事実）があると納得しやすい。消費者がアタマで理解し、理性的に判断するものだからだ。一方で、テレビCMの「官能的」といった抽象的なイメージは、理性には訴えないものの、感覚に響くものである。やはり、訴求したい内容に合わせて、アプローチやメディアを使い分けることが大切だ。

この「ナンバー・キャンペーン」は、シリーズで一年以上にわたって展開された。おそらく、品質のよさを消費者にしっかりと理解してもらうには、それなりの時間がかかるだろうという判断があったのではないだろうか。結果として、キャンペーン終了時には、「品質が高い」という項目で競合中のトップに立っていた。

3 成長期：幸せに浸る

プレミアム・アイスクリーム市場が出来上がると、競合は次々と参入してくる。そんななか、ハーゲンダッツはさまざまなエモーショナル・バリュー（心理的な価値）を手に入れることで競合を退け、ナンバーワン・ブランドの地位を揺るぎないものにしていったと考えられる。

エモーショナル・バリューとは、味や口当たりといった物性的な価値ではなく、食べている間や食べたあとにどんな気持ちになるか、といった情緒面での価値である。さまざまなスタディを通してわかったことは、ハーゲンダッツは真にエモーショナルなブランドであるということだった。消費者は、アイスクリームを食べているというより、幸せなひとときに浸っていたのだ。

成長期のキー・インサイトはまさに、「幸せに浸る」であった。

なぜハーゲンダッツを食べるのか、とダイレクトに聞いても、消費者は「おいしいから」としか答えない。いくら掘り下げても「こってりしたおいしさ」「なめらかな口当たり」といった物性的な答えしか引き出せない。

「幸せに浸る」といった感情や気持ちを引き出すには、第2章で紹介したコラージュ・エクササイズなどの投影法（感情を絵などに投影させる手法）が欠かせない。言葉だけで、消費者から奥底の気持ちを引き出すのは難しいからだ。

広告表現にも、「幸せに浸る」というインサイトが取り入れられたのだろう。九四年に放映されたテレビCMに、「天国は、ここにある」というバージョン（「ルーフ」編）がある。パーティ会場にいる正装した男女が、パーティを抜け出し、屋根にのぼってハーゲンダッツを食べるというものだ（図4―4）。

ここでは、屋根にのぼった男が服を脱ぎ捨てたり、わざわざスプーンを放り投げて、指ですくって食べたりしている。消費者から「何で？」という声が出たとしても不思議はない。冷静に考えると、たしかに妙だ。ところが、それが逆に、女性の気持ちをしっかりとらえていたと思われる。「あんなところで食べたら、おいしそう」「解放感があって、気持ちよさそう」という気持ちにさせていたのだ。

図4-4　ブランド広告　テレビCM（1994）

「ルーフ」編

テレビCMを見せて感想を聞くと、アタマで考えた答えが返ってくるので気をつけなければならない。第1章でも述べたとおり、消費者は評論家のようになりがちだ。しかし、見ているときの表情や身の乗り出し方などをしっかり見ていると、どれくらい興味を持っているかわかる。言うことと思っていることは、往々にして違うのだから。

さらに、ハーゲンダッツは「幸せに浸る」というインサイトに加えて、女性のいろいろな気持ちをとらえていく。

まず、一日がんばった自分への「ご褒美」というもの。仕事を終えたワーキング・ウーマンが、帰宅途中にコンビニでハーゲンダッツを買って帰る。食べたとたんに疲れが吹き飛び、明日もがんばるかという気持ちになるという。男性がビールをグビッと飲んで、「ぷはー」と一息つくのと同じことかもしれない。

その点は主婦も同じ。ハーゲンダッツは全部の用事を済ませたあとにゆっくり食べる。けっして、あとにまだすることがあるときは食べない。家事の合間にちょっと休憩、といって食べるのは、よく特売している一〇本パックのバーアイスである。このあたりは、実にうまく使い分けている。

また、「パーソナルな」（自分だけの）という気持ちも、女性がハーゲンダッツに抱いている大切な感情だろう。ハーゲンダッツはみんなで食べるものではない。自分だけのもの、という気持ちが強い。だれかとしゃべりながら食べていたのでは、じっくり味わえないという。

この「パーソナルな」という気持ちを見つける前につくられたテレビCMがある。ハーゲンダッツは、ほかのアイスクリームと違って冬の消費が多い。暑いから食べるのではなく、ゆっくり味わって食べるからだ。だから、クリスマス・パーティに向けてプロモーションをしようとしたと思われる。

ところが、消費者の評判は期待していたほどではなかったようだ。実際にはパーティでもよく食べられているのだが、テレビCMで見せられると「なんか違う」という。みんなでわいわい食べるのは、ハーゲンダッツの値打ちが下がる感じがするらしい。実際にやっていることと気持ちは違う、という難しさがここにあるのではないだろうか。

ほかにも、「ハーゲンダッツは、パーソナルなもの」という気持ちを如実に表した、おもしろい例がある。主婦はハーゲンダッツを冷凍庫の一番奥に隠しているという。手前のほうにバーアイスの箱を置いて、見えないようにしているのだ。たいして味もわからない夫や子供に食べられてなるものか、ということらしい。あるグループ・インタビューで一人の主婦がそう告白したら、「そうそう」「私も私も」と大変な騒ぎとなった。みなさんも一度、冷凍庫の奥をのぞいて見るといい。ひょっとしたら、ハーゲンダッツが隠されているかもしれない。

競合を寄せ付けない

このように、ハーゲンダッツがプレミアム・アイスクリームを食べたときの「幸せに浸る」気持ちをつかまえたため、競合ブランドは別の魅力をアピールせざるをえなくなった。しかも、ハーゲンダッツと差別化しつつ、プレミアム・アイスクリームとしての魅力を感じてもらわなければならないという、非常に難しい立場に置かれたと思われる。

たとえば、レディーボーデン。ハーゲンダッツが日本に参入する前から、ファミリー向けに高価格帯のアイスクリームを展開していた。高級アイスクリームを楽しむ、ちょっとハイソな家庭という幸せ感を訴求していたが、まだ子供を中心に置いたポジショニングから脱しきれていなかった。

やはり、「子供中心の家庭向き」アイスクリームより、「大人の」「パーソナルな」アイスクリームのほうが、高級感があるだろう。自分だけでこっそり食べたいと思っている主婦や、仕事の帰りに買って帰って幸せに浸りたい女性の心をつかんだのは、ハーゲンダッツだったと思われる。

次に、明治乳業の彩（当初はＡｙａではなく、彩だった）の場合。ジャパン・ビューティという「日本人に合ったアイスクリーム」というポジショニングで、外国から来たというイメージのハーゲンダッツと差別化しようとした。明快な戦略だ。フレーバーもさっぱりした抹茶やあずきなどが中心だったと記憶しているが、思いのほか伸び悩んだようだ。

アイスクリームは外国からやってきたもの、というイメージが消費者にあるので、日本というイメージはアイスクリームにとって強い魅力にはならなかったと思われる。また、さっぱりした味は日本人の嗜好に合うとはいえ、一〇〇円アイスもさっぱりしているので、違いを出して二五〇円の価値を持たせるのが難しかったのかもしれない。消費者に聞いてみると、ハーゲンダッツのような「濃厚で」「こってりした」味に、二五〇円ならではの価値を感じるという。

あるいは「フォション」の場合。フォションは紅茶で有名なパリの高級食材店の名前であり、ナポリ・アイスクリームが提携してアイスクリームをつくっている。フォションをよく知っている女性たちからは、「すごく高級そう」「憧れる」「ぜひ一度は食べてみたい」という声が上がったし、実際、ダージリンなどの紅茶系フレーバーは人気が高かった。

ただ、フォションといえば「紅茶」というイメージが強すぎて、消費者はほかのフレーバーにはあまり魅力を感じなかったようだ。ブランドの基盤がアイスクリームではなく、紅茶にあったため、フレーバーの種類を増やしていくのが難しかったのだろうと思われる。

また、興味深い事実もある。フォションが発売されて数年後のことだが、そのときも消費者から、「ぜひ一度は食べてみたい」という声が上がった。「どうして食べないの?」と聞くと、「コンビニとかには置いてないじゃないですか。どこで売ってるんですか?」という質問が返ってきたのだ。

実際には、フォションはかなりのコンビニやスーパーに置かれており、ハーゲンダッツの隣に並んでいたのだが、消費者はハーゲンダッツしか見ていなかったようである。流通から見た配荷率の数字が高くても、こういうことは往々にして起きる。消費者から見た場合の店頭カバー率は異なるのだ。

その後、ロッテのダジュールや、リポジショニングしたＡｙａが「幸せ」なイメージを訴求してきたが、牙城を崩すことはできなかった。たしかに「幸せ」は、高級アイスクリームのど真ん中をいく王道ではあるが、すでにそのイメージを確立していたハーゲンダッツと差別化するのは難しかったと思われる。

ブランドから製品へ

その後ハーゲンダッツは、製品広告へと軸足を移していく。「大人のアイスクリーム」というイメージが確立し、その結果として、おいしさ、高品質な、洗練された、などの主だったイメージがどの競合よりも高くなったからである。つまり、ブランドが確立されたと判断し、個々の製品のサポートを始めたのだ。

最初につくられた製品広告が、「グリーンティー」だ。まず、フレーバー名が「抹茶」ではないところが、いかにもハーゲンダッツらしい。「抹茶」と名付けたとたん、どうも国産ぽくなってしまい、ハーゲンダッツのイメージを傷つけてしまうかもしれない。社内では、そもそもこのフレーバーを発売しないほうがいいのではないか、という議論まであったと聞く。グリーンティーというネーミングは、その解決策だったのだろう。

製品をアピールするには、製品そのものについてのインサイトも新たに探り出す必要がある。ブランドについてのインサイトだけでは、製品をどうアピールしていったらいいかが見えてこないからだ。

たとえグリーンティーという名前を付けたとしても、抹茶は定番のフレーバーである。数知れずある抹茶アイスのなかで、ハーゲンダッツのグリーンティーが一番いいと思ってもらわなければならない。あのハーゲンダッツだから、とブランドで差別化することはできるが、製品そのものでも差別化したいと考えるのは自然な発想だろう。

製品から見たときの差別化ポイントは数多くあったと思われる。「最高級抹茶を使用」「抹茶の量がふんだん」「石臼で擦った、キメ細かな抹茶」「キメが細かいから、クリーミーなアイスクリームになった」などだ。もし、通常の定量調査にかけたとしたら、「抹茶の量がふんだん」に最も票が集まっただろう。そして、それをそのまま広告で訴求したら、かなり説明的なメッセージになっていたに違いない。

しかし、インサイトを掘り下げていくと、まったく新しい発見があった。それは「濃いグリーン」という色であった。消費者は色鮮やかな濃いグリーンに、ハーゲンダッツの品質やおいしさを最も感じていたのだ。「ほかとは色が全然違う」「この色の濃さを見たら、抹茶がいっぱい入ってそう」「きっと本物の抹茶を使っているから、こういう色になるんでしょ」といった具合だ。消費者にとっては色が品質やおいしさのサイン（証し）になっていたと考えられる。

このようなインサイトは、「何が、ほかとは違うと思うか」といった質問から消費者の気持ちを掘り下げていくことで見つけられる。「抹茶がふんだん」のように製品特徴を説明しなくても、消費者にそう感じてもらえる方法はないか。消費者がすでに持っていて、活用できる気持ちはないかを探り出そうという姿勢が大切だ。

また、「濃いグリーン」といったキーワードが広がりを持つものかどうかは、第2章で紹介したポストカード調査で検証することもできる。おいしさや品質、抹茶のふんだんさなどが連想されるかどうか、調査対象者の反応を見るわけである。

濃いグリーンというインサイトから生まれた広告が、九八年から二〇〇三年までオンエアされていた「グリーンロード」というタイトルのテレビCMだ。アイスクリームの表面を、ひたすらスクープ（スプーンでアイスクリームをすくう）していく広告で、全編がグリーン一色である（**図4―5**）。

もし、「抹茶の量がふんだん」という製品特徴をそのまま説明していたとしたら、どうだろう。おそらくここまで成功しなかったのではないだろうか。まずは抹茶の「量の多さ」、次回は抹茶の「キメの細かさ」というように、製品特徴を説明するための広告が次々と必要になったと思われる。

それが、濃いグリーンというだけで、抹茶のふんだんさも、本物の品質も、おいしさも消費者に伝わったと思われる。「そうそう、そこがほかとは違う」という共感とともに。

インサイトは、消費者の気持ちを動かす心のホット・ボタンである。そのボタンを押すことは、製品の特徴を一つひとつ説明していくよりも、ずっと効果的なのだ。

図4-5 製品広告　テレビCM（1998）

グリーンティー
「グリーンロード」編

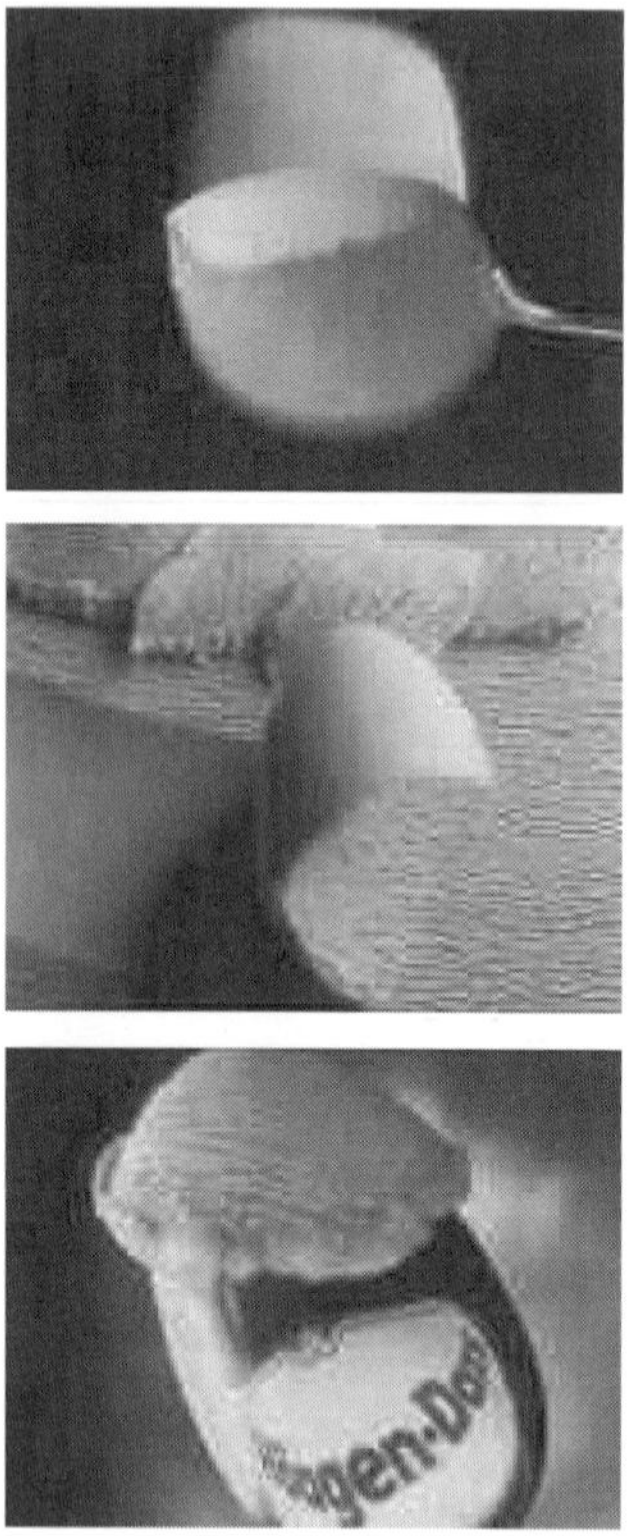

4 成熟期：ゆっくりした時間

ハーゲンダッツのユーザーは、あらゆる年代層に広がっている。女性の多くはハーゲンダッツを食べると幸せな気持ちになるし、自分へのご褒美だと思っている。洗練された、素敵なイメージを感じ、お気に入りのブランドとなっている。しかし、それは全員ではない。自分には高級すぎるとか、贅沢だと感じる人もいるだろう。また、おいしいとは思っても、思い入れまでは感じていない人もいるだろう。

では、そういう人たちに、ハーゲンダッツをもっと好きになってもらうには、どうすればよいのだろうか。もっと共感してもらうには何が必要なのか。

一つの考え方としては、もっと身近な、親しみやすいイメージを打ち出すことが考えられるだろう。とはいえ、ハーゲンダッツにとって「贅沢」なイメージは欠かせない。あくまで高価格の「プレミアム」アイスクリームなので、単に親しみやすい身近なブランドに変わることはできないだろう。

贅沢さとは、高級さや豪華さだけとは限らない。いまの女性にとっては何が贅沢なのか、というインサイトを探ってみることが考えられるのではないか。

何が「贅沢」なのか

最近の若い女性たちは、何を贅沢と思っていると想像されるだろうか。ダイヤモンドか、高級な外車か。それとも高級マンションか。残念ながら、モノはいっさい出てこない。彼女たちにとって一番大切なのは、時間。「ゆっくりした自分の時間」こそが最高の贅沢なのだ。しなければならないことが何もない休日、明日の予定が何も決まっていない週末の夜。忙しい彼女たちにとって時間はかけがえのない貴重なものだろう。

贅沢さのイメージとして、海外のリゾート・ホテルやジャグジーなどが挙げられることもある。その真意は、心の底からリラックスできて気持ちをほぐせるひとときにあるのであって、豪華なモノに囲まれたいということではない。忙しい日常から抜け出したいという思いからである。

さらに「一人のプライベートな時間」を挙げる女性たちも多いだろう。彼と過ごすより、家族と過ごすより、一人で過ごす時間のほうが贅沢だという話をよく聞く。自分のためだけに使う時間、自分を癒やしたり、自分を磨いたりする時間である。

仮に、時間というインサイトを、ハーゲンダッツに取り入れるとどうなるだろう。「ゆっくりした、自分だけの時間を味わう」といった提案が考えられるのではないだろうか。

ハーゲンダッツを食べることは、おいしいアイスクリームを味わうと同時に、ゆっくりした時間を楽しむこと。そして、ゆっくりした時間は幸せなひとときであり、自分へのご褒美ともなる。

ハーゲンダッツの「プレミアムな」「贅沢さ」を保ちつつ、これまでファンだった人以外にも共感してもらえるよう、解釈し直せただろうか。あるいは、ハーゲンダッツをもっと好きになってもらえるだろうか。少なくとも、ここに一つの可能性が秘められているのではないかと思うのだが、いかがだろうか。


この「何を贅沢だと思うか」という質問のように、カテゴリーを離れてインサイトを探ることも、ときには欠かせない。モノから始めて掘り下げていっても、活用できるインサイトが見つからなかった場合には、いったんそのカテゴリーを離れてインサイトを探ってみよう。そして、そこで得られたインサイトを、あとでカテゴリーと結び付けてみるのだ。

製品広告に流れるインサイト

ハーゲンダッツは九七年以降、ブランド広告をやめ、製品広告だけを行っている（正確に言えば、二〇〇三年に一度だけ単発のブランド広告が流されたことはあるが、それ以外はすべて製品広告である）。一連の製品広告には、「ゆっくりした、自分だけの時間」を感じることができる。新しい「贅沢さ」を表すブランドのインサイトが、製品広告に盛り込まれたと考えることもできるだろう。

それを最も端的に表現したのが、二〇〇〇年に放映された「ドルセ・デ・レチェ」のテレビCMである（図4―6）。「ドルセ・デ・レチェ」は、アルゼンチン生まれのキャラメル・フレーバーで、非常に甘く、クセになるおいしさがある。

ラテンの持つ「明るく」「開放的な」キャラクター（性格）を、南米ならではのフェスティバルで表現している。また、主人公の女性は、まるで隣の男性が目に入らないかのように、一人でおいしさに浸っている。そして、甘さにハマる感じを、ちょっと時間が止まったかのようなスローモーションで表現している。

ここに「ゆっくりした時間を味わう」というインサイトが込められている。さらに、「明るく」「開放的な」イメージで親しみやすさを醸し出しており、単に高級でゴージャスな贅沢さと一線を画している。

その後の製品広告を見ても、ブランドのインサイトが間接的に反映されているように見受けられる。製品広告はあくまで製品をサポートするのが目的だが、ブランドのインサイトを取り入れることで、人物や雰囲気（トーン＆マナー）などの描き方が変わってくる。

図4-6 製品広告　テレビCM（2000）

ドルセ・デ・レチェ
「カーニバル」編

たとえば、「メープルウォールナッツ」の場合。これは、砂糖の代わりにメープルシロップを使い、クルミを混ぜ込んだ、ナチュラルなフレーバーだ。その製品の個性を表した、「まるで、森の空気に包まれる」というアイデアのなかに、ブランドのインサイトが盛り込まれていると考えることができるだろう。

二〇〇二年に放映されたテレビCMでは、女性がたった一人でアイスクリームを食べており、

図4-7 製品広告　テレビCM（2002）

メープルウォールナッツ
「森の中へ」編

そこに「森の心象風景」が広がっていく。ちょっとミステリアスだが、心が解き放たれていくような心地よさがある。そこに映っているのは、「自分だけの時間に浸っている」女性の姿である（図4―7）。

次に、二〇〇三年に発売された「カスタードプディング」のテレビCMを見てみよう（図4―8）。この製品についてのインサイトは、「一番おいしいプディングは、パティシエの手づくり」というものだ。

ネーミングからして「プリン」ではなく「カスタードプディング」となっているのは、スーパーで何個かパックになって売っているような、「プリンといえば、子供向けの安価なおやつ」

図4-8 製品広告　テレビCM（2003）

カスタードプディング
「メイド・イン・キッチン」編

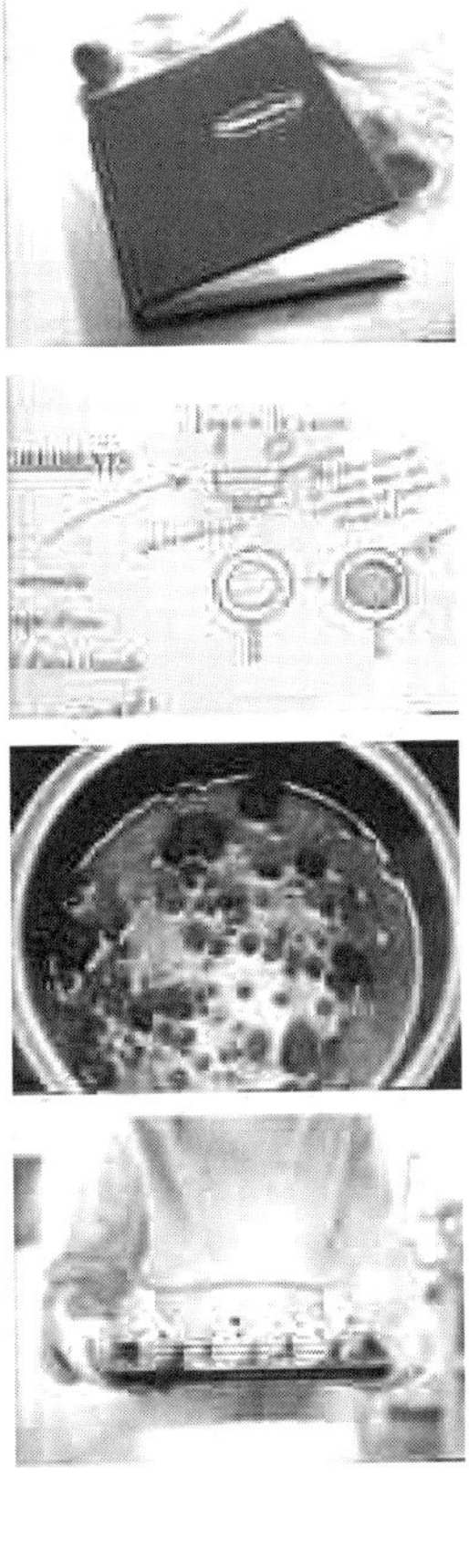

という印象が消費者にあるからだ。そうしたイメージを払拭するため、パティシエが手づくりしていくような雰囲気をレシピブックでうまく表現し、本格的な大人のプディングに仕立てていると思われる。

ここでも、わずかだがブランドのインサイトが反映されていると見ることもできる。手づくりというイメージを、あくまで「軽やかな」トーンで「現代的」に描いている点である。けっして、古さと伝統を感じさせるような、重厚な厨房ではないところがミソだろう。

このケースでは、たとえば「プリンに対して消費者は、どういうイメージを持っているか」「どういうプリンを一番おいしい本格的なデザートと感じるか」といったテーマで、インサイトを掘り下げていく。本格的なおいしさを感じさせるために、消費者がすでに持っているどんな認識を活用できるか、探り出すわけである。

インサイトに終わりはない

インサイトを探り続けることに終わりはない。ブランドを限りなく成長させていくためには、常に新しいインサイトを見つけ出す必要がある。ハーゲンダッツも新しいフェーズに入れば、これまでとは違う課題に直面することだろう。

シェア八〇％以上といえば、勘のいい方はすぐお気付きだろう。シェアを取っているだけでは、もはや成長の余地が限られてくる。だから、新しい需要を切り開いていくために、いままでの一人用ミニカップにはない魅力を持った製品が必要になってくるだろう。ミニカップとは違うオケージョン（場所や時間）で食べられるアイスクリームである。

その一つが「クリスピーサンド」だ（**図4―9**）。クリスピーサンドは、コーティングしたアイスクリームをウエハースでサンドした、まったく新しいカテゴリーの製品である。モナカと似た形状ではあるが、もっとメリハリのある食感が魅力で、片手で持って食べられる。

クリスピーサンド「キャラメル」の導入広告では、「あ、音までおいしいハーゲンダッツ」というコピーで、「サクサク」「パリパリ」「クリーミー」という食感をビジュアル化した。「サクサク」がウエハースの、「パリパリ」がキャラメル・コーティングの、「クリーミー」がアイスクリームの、食感である。

さらにクリスピーサンド「カプチーノ」では、ミニカップの「落ち着いた、幸せに浸る喜び」と差別化し、もっと「ワクワクするような」「ちょっと気持ちが元気になるような喜び」を軽やかなジャズの音楽で表現したと思われる。

直接、オケージョンを表現しているわけではないが、ミニカップが「夜、一日の終わりに食

図4-9　製品広告　テレビCM

クリスピーサンド「キャラメル」
「音までおいしい」編（2001）

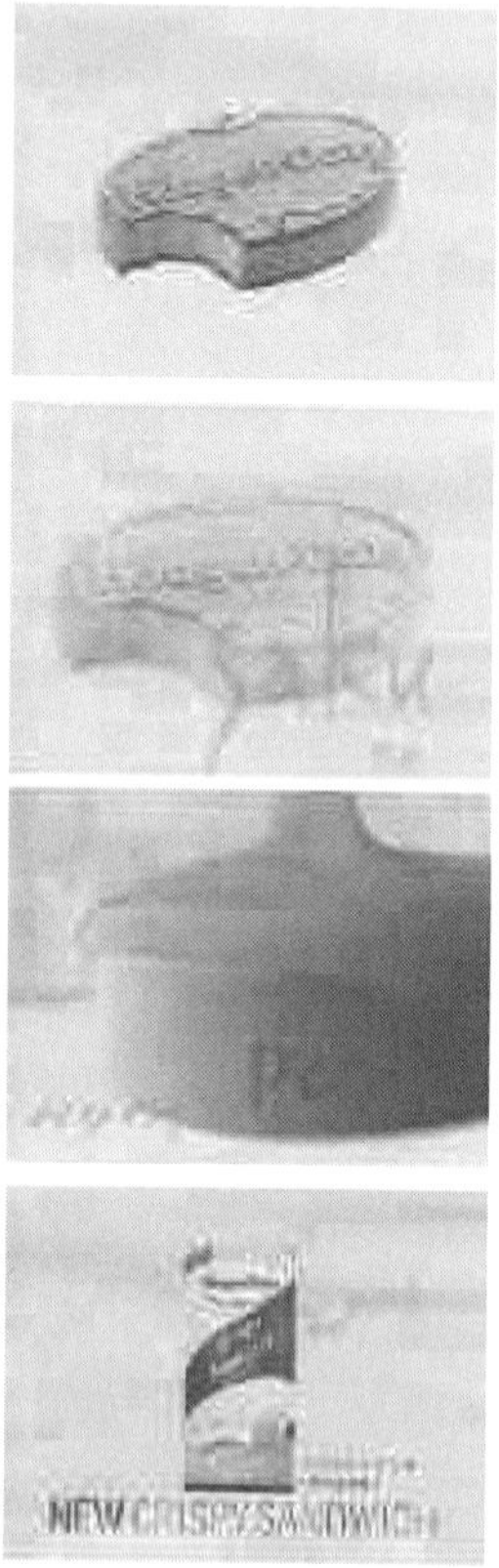

クリスピーサンド「カプチーノ」
「カプ！チーノ」編（2002）

べる」のに対し、クリスピーサンドは、「一日の途中、ティータイムやブレイクに食べる」ことを想定し、そのときの気持ちをつかまえようとしていると考えられる。

さらに、ハーゲンダッツはアイスクリームというジャンルそのものを飛び越えていくだろう。すでに限定的ではあるが、パフェやケーキ、チョコレートなどの発売を始めている。これからはハーゲンダッツというブランドを、新しいジャンルに展開していくためのインサイトが必要になるに違いない。

それは、心躍るチャレンジに違いない。まったく新しいインサイトを探る旅に出られるのだから。

ハーゲンダッツの生まれ故郷は?

ハーゲンダッツはどこの国のブランドか、ご存じだろうか。

スペルが独特（ウムラウトと呼ばれる点々がäの上についている）だから、どうも英語圏ではなさそうだ。言葉の響きがコペンハーゲンと似ているから、そのあたりか。クリームにこだわりがあるのは酪農の盛んな地域だろうから、北欧か、オランダか、スイスか……。そんな答えがよく返ってくる。

実は、ハーゲンダッツはアメリカのブランドなのである。

ではなぜ、英語を使っていないのか。それは、ブランド名を決めるにあたって、どこのアイスクリームが一番おいしそうに見えるかを考えたからなのだ。アメリカの消費者にも北欧あたりがアイスクリームの本場というイメージがあり、アメリカのものよりおいしそうだと感じていたのである。

そんなわけで、いまでもハーゲンダッツは、アメリカ以外のどこかの国、おそらく北欧あたりのブランドだと思われているらしい。一方、ヨーロッパの人々も、どこかはわからないが、自分の国のブランドではないと思っているようだ。

それもそのはず、「ハーゲンダッツ」は、どの国の言葉でもなく、まったくの造語なのである。おいしい乳製品を連想させる北欧らしい響きの「ハーゲン」と、「ダッツ」という力強い響きをくっつけただけなのだ。

その結果、どの国に行っても、どこかは知らないけれど本場から来たアイスクリームだと思われており、ミステリアスなイメージを持たれている。なかなかよくできたブランド・ストーリーではないだろうか。

第5章

シック：インサイトが差別化を生み出す

1 覚えてもらうことの難しさ

カミソリは、製品やブランドで差別化するのが難しい市場だ。そのことは、次のように質問されるとわかるのではないだろうか。

「どこのメーカーのカミソリを使っているか、わかりますか」

電気カミソリ以外であれば、ほとんどの男性はシックかジレットか貝印のものを、女性なら、それらか資生堂のものを使っているはずである。では、次の質問はどうだろう。

「何というブランド（製品）のカミソリを使っているか、覚えていますか」

おそらく、お風呂や洗面台に見に行かないと、わからないのではないだろうか。自信を持って即答できたとしたら、かなりこだわりのある人だ。大半の消費者は、自分が何のブランドを使っているか、すぐには名前を思い出せない。

さらに、なぜその製品を使っているのか、答えられる人はいるだろうか。「何となくよさそうだったから」「使い慣れているから」といった曖昧な理由しか思い浮かばないのではないだろうか。多くの人は、ほかの製品との機能の違いをはっきりとは意識していない。

そう、カミソリは消費者がほとんど関心を払わないカテゴリーなのだ。だから、ブランド名を覚えていないし、機能をきちんと比較して選ぶことも少ない。いろいろな製品を使い比べてみることもほとんどないし、仮に使ってみたとしても、はっきりした違いはわからない。

そんな状況だから、メーカーが新しい機能の製品を出したり、広告などのコミュニケーション活動で違いを強調したりしても、競合との差別化はなかなか難しい。かといって、消費者はブランド名さえ思い出せない状況だから、イメージに訴えかけてブランドの違いを際立たせても効果は薄い。

このような厳しい市場において、シックは明らかに抜きん出た実績を誇っている。カミソリの主戦場である男性用の「替刃式カミソリ」で、六〇%以上のシェアを維持し続けているのだ。シックはなぜ、ナンバーワンのシェアを維持できるのか。

シックはかつて流通で圧倒的な強さを持っており、「インジェクター」「スーパーⅡ」「ウルトラ」「FX」などの製品群は店頭の棚を独占していた。競合製品は、棚の片隅に一つ置かれていればいいほう、という感じだった。

しかし現在では、量販店やコンビニの棚には、ジレットの「センサー」や「マッハシンスリ

| 表5-1 | シックの替刃式カミソリ

年	プロテクター	トリプルエッジ
1995	プロテクター発売	
1998	プロテクター3D発売 (3次元アクションヘッド)	
2001	プロテクター3Dダイア発売 (アモルファス・ダイアモンド・コーティング刃)	
2002		トリプルエッジ発売 (曲がる3枚刃)
2003	プロテクター3Dダイア ブルーメタル発売 (新色ホルダー)	

ー」、貝印の「K―3」などが、シックの「プロテクター」や「トリプルエッジ」などの隣に並んでいる。シックの営業力の強さは、いまでもシェアを維持するうえで大きな要因になっているのは間違いないが、かつてのように流通を独占するのはもはや不可能である。

ではなぜ、ここまで高いシェアを維持し続けられるのだろうか。

そのカギを握るのが、インサイトである。消費者が意識していないエモーショナルな(心理的な)感情をとらえて製品への好意を引き出す。潜在的なニーズを見つけて製品と結び付ける。

インサイトをとらえれば、製品の特徴や機能だけでは差別化するのが難しいカテゴリーであっても、売上げを伸ばすことはできるのだ。近年のシックの動きを中心に見ていこう(**表5―1**)。

2 プロテクター：「ひと言」が勝負

「キレてなーい」というテレビCMをご存じだろうか。

たくましい外人（K―1ファイターのマイク・ベルナルド）がヒゲを剃っているとき、男たちやパンサーに襲われ、カミソリを横滑りさせてしまう。しかし、肌は切れなかった。そこで、英語なまりの日本語で「キレてなーい」と言う（図5―1）。

これは、シックの「プロテクター」という製品ブランドの広告である。このCMは当時、かなり話題になった。マイク・ベルナルドはK―1で活躍していたし、何より「キレてなーい」という外人特有のイントネーションが、どことなくコミカルで印象に残ったからだ。

「プロテクター」は九五年の発売当初から順調に売上げを伸ばし、替刃式カミソリ・ユーザーの三〇％以上が使用している、ナンバーワン・ブランドに成長した。しかも、さまざまな新製品のカミソリが出てくるなかで、いまもナンバーワンの地位を維持している。

図5-1　プロテクター3Dダイア　テレビCM

「パンサー」編

①

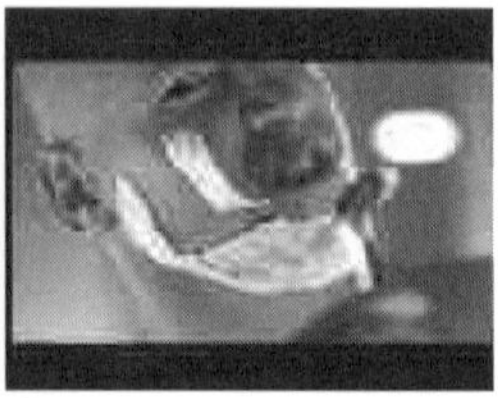
②

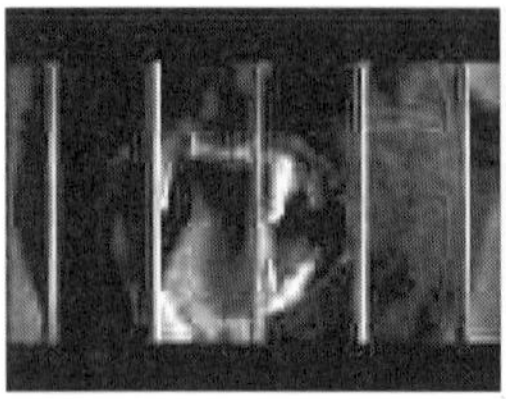
③

④

⑤

では、「キレてなーい」という広告はなぜ、成功したのだろうか。単なる話題性だけでは、これだけ長い間、ナンバーワンの座をキープすることは難しい。

成功の理由を考えたとき、まず思いつくのは、製品のベネフィットを端的に表現したということだろう。特徴は、「マイクロ・セーフティ・ワイヤー」という細いワイヤーがカミソリをくるんでいることである。そのため、刃が横滑りしても肌を切らない。いままでにない発想の製品だった。

それを「キレてなーい」は、端的に伝えている。テレビCMのストーリーも、肌を切らないことに焦点を当てている。悪い奴らに襲われるといった不測の事態が起きて、カミソリを横滑りさせてしまったとしても、「肌を切らない」というアイデアが中心にある。

また、実際に横滑りしても肌を切らないことを、デモンストレーション（実演）している。初めて見た人にとっては、かなりの驚きがあった。さらに、横滑りをわかりやすく伝えるため、頬にシェービング・フォームをたっぷりつけ、L字型の横滑り跡をくっきりと強調している。

とはいえ、ベネフィットを端的に伝えただけで、差別化の難しい市場で勝ち残れるだろうか。実は、背後に決定的なインサイトが隠されている。それを明らかにしたことが、持続的な成功をもたらしたといっても過言ではない。

ここで得たインサイトは、その後のプロテクター・シリーズを展開する際のカギとなった。

さらには、その後に続く新製品の「トリプルエッジ」にも活かされているのである。

インサイトは、男らしさ

それでは、どんなインサイトをとらえたのだろうか。

一つめのインサイトは、消費者自身も気付いていないようなエモーショナルな（心理的な）感情をとらえたことである。それは、「男らしさ」だった。

男性は、ヒゲ剃りにどこかしら男らしさを感じている。それは、男だけがする行為だから。また、少年時代に初めてヒゲを剃ったとき、大人の男になったような、ちょっとうれしくて照れくさい気持ちになったことを覚えているからだ。

71ページのコラージュ・エクササイズでお話ししたが、消費者が理想とする「男らしさ」は多岐にわたっている。ただし、精神的にも肉体的にも強いことは、理想の男の中心を占めるイメージだった。それを、マイク・ベルナルドは端的に表現しているのだ。

K―1ファイターは強くて男らしい。女性からすれば、「なんて単純な」と思われるかもしれないが、男性は想像以上に単純だ。これぐらいわかりやすい記号（シンボル）のほうが強い印象を残せるのだ。

特に「プロテクター」にとって、男らしさは重要であった。もし、「肌を傷付けない」というベネフィットを現実的なシチュエーションで描いていたらどうなっただろうか。まだヒゲ剃りに慣れていない若い男性が、こわごわヒゲを剃っている。剃り終わって、顔を傷付けなかったことに、ほっとする。あるいは、不器用な男性がヒゲ剃りをしている。カミソリのグリップ（握るところ）をうっかり石鹸で滑らせてしまうのだが、顔は切れていない……。

これらはグループ・インタビューなどで出てきた、実際にユーザーが「プロテクター」を使っているときのエピソードである。ユーザーには、まだヒゲ剃りが上手にできない若い男性が多かったのだ。

しかし、これではかなりカッコ悪い。肌を切るのが怖い男性に向けた、軟弱なブランドになってしまいそうだ。そんなユーザー・イメージのブランドに魅力を感じる男性は少ないだろう。だから、「キレてなーい」では、「剃るのが上手でなくても安全に剃れる」「剃るのが怖くない」という消極的なベネフィットを、ポジティブに男らしく表現しているのだ。

現実問題として、ヒゲ剃りをしているときに悪い奴らに襲われて、刃を横滑りさせてしまうことなどあるはずがない。しかし、この誇張したデモンストレーションは、「肌を切らない」安全性を、ワイルドで男らしいイメージのなかで伝えることに成功しているのだ。

コラージュ・エクササイズでもお話ししたように、強い、ワイルドなイメージは、いまどきの若い男性が「理想の男」と感じるイメージの中心をなしている。

もし、海外のカミソリの広告にありがちな、「女性にモテる」といったイメージ（エンド・ベネフィット）をアピールしていたら、きっと「プロテクター」は、もっと軟派なブランドになっていたに違いない。

いまの若い男性にとって、女性にモテるかどうかを意識することは、非常にカッコ悪いことなのだ。だから、広告の中で女にモテることをアピールすることはおろか、女性が登場するだけでも、女を意識するカッコ悪い男のブランドになってしまう。

彼らはそれよりも、自分自身のために手入れするのがカッコいいと思っている。眉を整えたり、脂取り紙を持ち歩いたりするのは、あくまで自分のため。女性を意識して手入れしていると思われたら、それはカッコ悪いことなのだ。


消費者のホンネを探るとき、製品をどう見ているか、という視点だけでは不十分だ。この例のように、いまどきの若い男性が憧れを感じる「男らしさ」とは何なのか、といった広い視点が欠かせない。

また、こういう深層心理を言葉だけで聞き出すのは無理というもの。コラージュ・エクササイズのような投影法（気持ちを絵などに投影させる手法）を活用しよう。

「キレてなーい」はブランド名か？

二つめのインサイトは、消費者はカミソリのブランドには関心がなく、ブランド名を覚える気がないということである。だから、それを逆手に取り、「キレてなーい」を使ってブランディングを行ったことが挙げられる。

通常、マーケターは、ブランド名の認知を高めることがまずブランディングの第一歩と考える。もし、マーケティングの教科書どおりにブランド認知を高める活動をしていたとしたら、いまの何倍もの投資が必要になったことだろう。

グループ・インタビューなどで消費者の話を聞いていると、ブランド名はほとんど出てこない。そのブランドを使っているユーザーでさえ、名前を思い出せない人が多いのだ。「プロテクター」の場合も同じ。「あの『キレてなーい』っていうのを使っています」という感じで話をする。消費者はブランド名を覚える気がないのだ。

だから、たとえナンバーワン・ブランドであっても、「プロテクター」というブランド名だけに頼るのではなく、「キレてなーい」をニックネームのように扱い、それでブランディングをしていったのである。

これは、けっして邪道ではない。人と人との関係で考えたとき、非常に親しい間柄の人でも、すぐには本名が出てこないことがある。いつもニックネームで呼んでいる場合だ。しかし、本名がすぐ出てこないからといって、気持ちに距離があるわけではない。逆に、本名で呼ぶよりニックネームで呼んだほうが距離が縮まるというか、早く親しい関係になれる場合だってあるだろう。それと同じである。

「キレてなーい」を使ったブランディングは、広告だけにとどまらない。多くの消費者が「プロテクター」という正式の名前（本名？）よりも、「キレてなーい」というニックネームで覚えているとしたら、それを製品や店頭にも反映させる必要がある。彼らが「キレてなーい」を店頭に買いに行ったとき、「プロテクター」としか書かれていなければ、すぐにはどの製品かわからないからだ。

だから、店頭でも「キレてなーい」の表示を重視している。ＰＯＰを準備することはもちろんのこと、すべてのパッケージに、「キレてなーい」と印刷するようになった。さらに、テレビＣＭとの連動を強めたシールをパッケージに貼っている。「これが、あの『キレてなーい』か」と、店頭でもすぐにわかるようにするためである（図５―２）。

図5-2 プロテクター3Dダイア パッケージ

「キレてなーい」シール

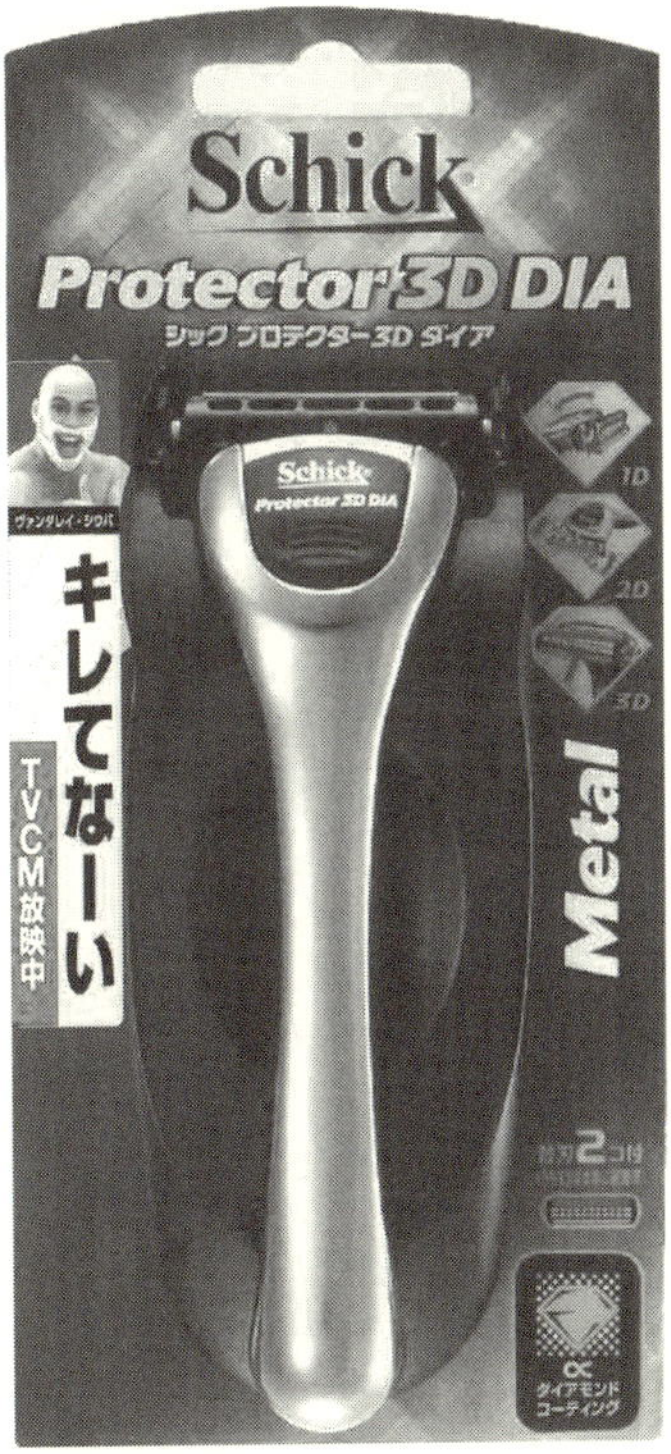

印象に残らなければ負け

三つめは、コミュニケーションについてのインサイトである。消費者は、カミソリのようにさほど関心のないカテゴリーの広告が言っていることは、せいぜいひと言ぐらいしか覚えないということだ。

消費者はグループ・インタビューなどでは製品についてあれこれ言うが、普段は気にもとめていない。だから、「安全そう」とか「よく剃れそう」といったベネフィットがわかれば十分なのだ。製品のことをくどくど説明されても聞き流す。印象に残るテレビＣＭなら、ひと言ぐらいは覚えるかもしれない、という程度だ。

画期的な機能を持つ製品であればあるほど、つい製品の構造などを説明したくなるものだ。しかし、「キレてなーい」というひと言で、「肌を切らない」というベネフィットだけに絞って伝えたのが、功を奏したのである。

競合の製品広告のなかには、製品の機能をこと細かく説明しているものもある。しかし、認知されることはほとんどなく、グループ・インタビューなどでは、「ＣＭを見たことがない」「そのメーカーは広告をしていませんよね」という結果になってしまう。

消費者は、ひと言ぐらいしか気に留めない。だから、この「キレてなーい」は、消費者に覚えてもらうことができたのだ。

関連して、広告などの表現が「おもしろい」ことは非常に重要だ。関心の低さというバリアを突き破り、ＣＭを見てもらい、ひと言だけでも覚えてもらうには、広告の表現が興味を引くものでなければならない。おもしろくて初めて、ＣＭを見てくれるし、ひと言を覚えてくれるのだ。

さらに「おもしろい」ことにはもっと大きな効果がある。ターゲットの若い男性は、「おもしろいCMをしているカミソリを買う」と言うのである。つまり、どの製品も似たようなものならば、「おもしろい」広告をしていて好感を持ったものを選ぶということだ。

ここはいつも、議論になるポイントだ。

消費者は「好き」だから「買う」わけではない。ましてや、広告が「おもしろく」ても、「買う」ことにつながるわけではない。そういう考え方が、いまでも主流であろう。しかし、この考え方は少しは当たっているが、ほとんど外れている。

たしかに「おもしろい」だけでは「売れない」だろう。ただ、いまどきの消費者は、製品とまったく結び付いていないような、単なる受け狙いの広告を「おもしろい」とは感じなくなっている。何を言いたいのかわからない、独りよがりの広告と感じてしまう。単なるイメージ広告に関心を持たないのと同じである。

製品やベネフィットをうまく伝えているからこそ、「おもしろい」と感じるのだ。つまり、消費者が「おもしろい」と感じる広告は、「売れる」広告なのだ。

少なくとも、言いたいことを並べ立てた「つまらない」広告より、ひと言でも「おもしろい」広告のほうが、「売り」に結び付くことはたしかである。だから、たったひと言で何をアピールするかという戦略、そのひと言から連想が広がるようなプロポジションが大切なのである。

マンネリ感を打破する

「キレてなーい」の広告キャンペーンは、すでに九年めを迎えている。プロテクター・シリーズは進化しているが、「キレてなーい」をやめて新しい広告キャンペーンに変えることはなかった。

プロテクターが長期にわたって成功している理由に、絶え間ない製品の進化が挙げられる。ターゲットの男性は単純だとお話したが、総じて、「最先端の」「テクノロジーを駆使した」「次世代型の」といったフレーズが大好きだ。メカっぽい、ハイテクなイメージに引かれるし、「最新の製品」が「最も性能のいい製品」と信じられている。カミソリは、そんな古典的な(?)市場なのだ。だから、製品を進化させて、常に最新のイメージを維持していくことが極めて大切である。

九八年には「プロテクター3D」が登場。タテヨコに首を振る、世界初の三次元アクションヘッドを導入した。二〇〇一年には、「プロテクター3Dダイア」へ進化。刃をアモルファス・ダイアモンドでコーティングし、シャープな剃り味を実現した。

広告キャンペーンも、進化する製品のニュースを活用して、最新のイメージをつくり出している。ただ、製品の新しい特徴を伝えながらも、「キレてなーい」という広告アイデアとフレーズは変えることなく使い続けた。「プロテクター」というブランドの基本的なベネフィットは変わらないからだ。

たとえば、アモルファス・ダイアモンド・コーティングのシャープな刃先をアピールする「プロテクター3Dダイア」の広告の場合。

「シックの最先端テクノロジーが実現した……」というメッセージを訴求することで、最新のイメージをつくり出している。しかし、「切れ味鋭い」ことをアピールすると、「肌を切らない」という安全性ベネフィットと矛盾をきたしてしまう。

科学的には、「切れ味鋭い刃のほうが、肌に負担をかけないから安全」ということらしいのだが、そうした説明はすんなり頭に入ってこない。「よく剃れる」製品なのか、「肌を切らない」安全な製品なのか、よくわからなくなってしまう。

そのため、この広告でも、プロテクター本来のベネフィットである「キレてなーい」というメッセージを中心に据えた。そして、アモルファス・ダイアモンド・コーティングについては、「切れ味鋭い」という面よりも、「最新の」イメージを生み出す製品上の革新としてアピールしたのである。

このように、「キレてなーい」を一貫して使い続け、ブランディングを強化した結果、消費者にすっかり浸透し、プロテクター、ひいてはシック・ブランド全体の財産とも言えるフレーズとなった。

その一方で、浸透すればするほど、広告はマンネリ化してくる。消費者がテレビＣＭを見たとき、「また、あれか」とあっさり聞き流すようになってしまう。そして、「もう、飽きた」という声も出てくる。だからといって、「キレてなーい」というフレーズを使わないでいると、消費者調査などでは「何のＣＭかわからない」「物足りない」といった意見が出てくるのだ。

つまり、「キレてなーい」を使いながらも、マンネリと感じさせない表現、消費者が予想する以上におもしろい表現が必要になってくる。

最新の「プロテクター３Ｄダイアブルーメタル」の広告である「対峙」編では、人気格闘技「ＰＲＩＤＥ」のファイター、シウバとコールマンを起用。「人に剃ってもらうのは不安」という消費者の気持ちをとらえて、「他人に剃られたときでさえ、キレてなーい」というアイデア（ストーリー）を展開している（図5—3）。

このように、ターゲットの若い男性に「こういう手があったか。おもしろい」と思わせることが大切だ。彼らの想像を超えるような目新しさがないと、すぐにマンネリだと感じられてしまう。だから、どんどん表現を進化させていかなければならない。

さらに、この「キレてなーい」を、プロテクター・シェービングフォーム（ヒゲ剃りをスム

図5-3 | プロテクター3Dダイア ブルーメタル　テレビCM

「対峙」編

①

②

③

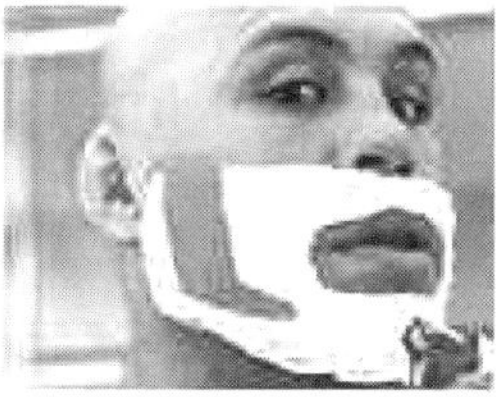

④

⑤

⑥

図5-4 | PRIDE. 26　スポンサーシップ

PR活動とブースでのサンプリング活動

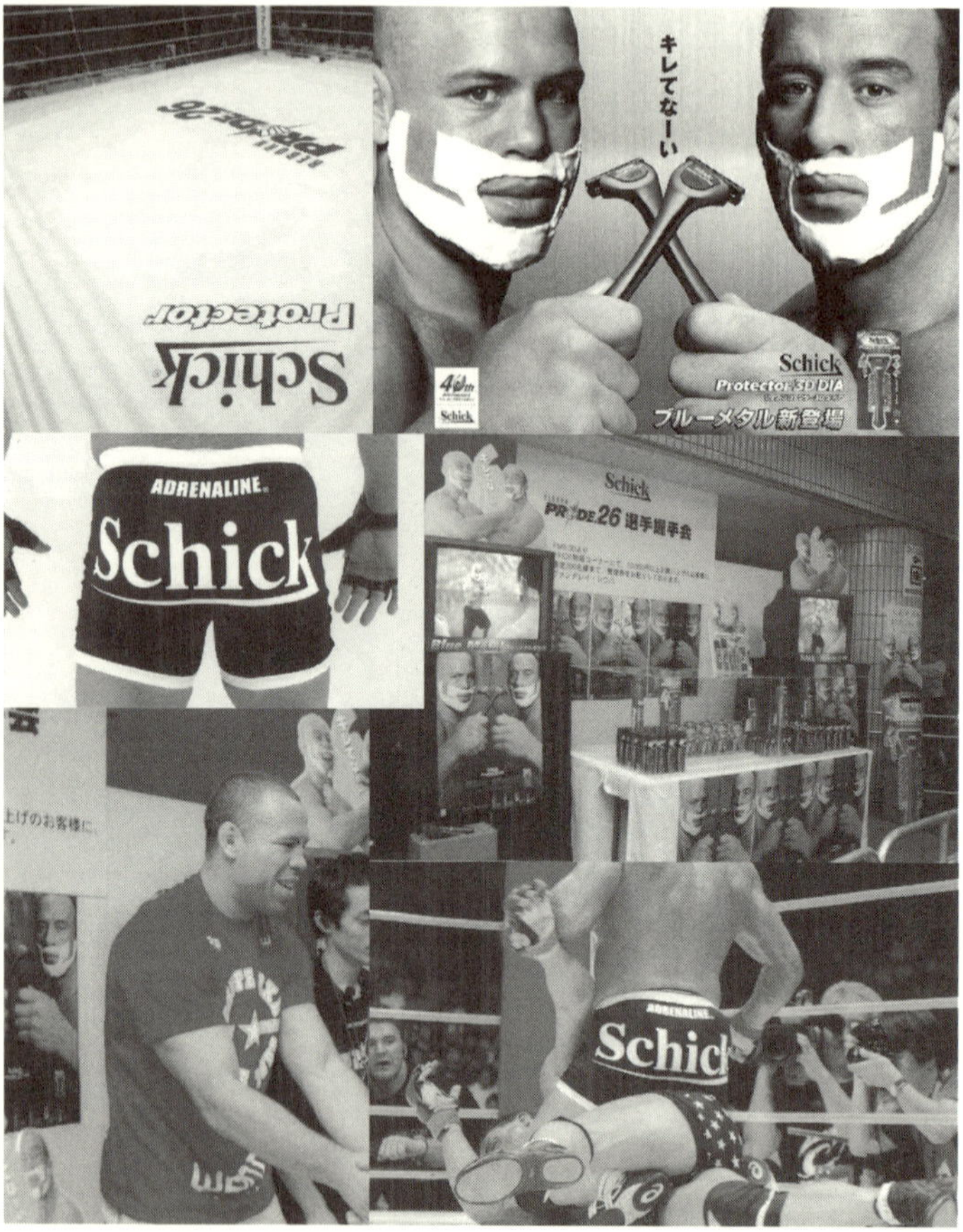

©ドリームステージエンターテイメント

ーズにする泡やジェル）やプロテクター・アフターシェーブ（ローション）などの関連製品にも採り入れて展開した。

たとえば、シェービングフォームでは「つけてなーい」、アフターシェーブでは「あれてなーい」というシールを製品に貼り、一連のプロテクター商品としてのブランディングを強化するとともに、トータル・シェービング・システムの使用を促している。

また、この「キレてなーい」から生まれた「格闘技」というブランド資産を活用するため、シックは二〇〇三年にＰＲＩＤＥのスポンサーとなっている。試合会場でのシック・ブランドの露出を図り、メディアに取り上げられることで、ＰＲ効果を狙っている。

そして、イベント会場にブースを設置し、サンプリングなどのプロモーション活動を展開している（図5―4）。

3 トリプルエッジ：逆転のキーワード

以上のように、「プロテクター」の場合は、横滑りしても切れないというわかりやすいベネフィットがあった。しかし、「三枚刃」のカミソリでは、そうはいかなかった。

シックは三枚刃では後発であった。すでに貝印が「K—3」を、ジレットが「マッハシンスリー」を発売しており、競合二社が三枚刃のカミソリで先行していた。そして、二社ともに「深剃りできる」というカミソリの最も基本的なベネフィットをテレビCMなどでアピールしていたのだ。

当時、三枚刃は消費者にとっても、流通サイドにとっても目新しさのある画期的な製品だった。そのため、店頭のいい位置の棚（ハンガー）に製品が並び、消費者のトライアル購入も進んでいた。シックもすぐさま三枚刃の「トリプルエッジ」を開発したが、もはや三枚刃という特徴だけでは、インパクトに乏しかった。

ほかには、世界初の「曲がる三枚刃」、「アクションヘッド」などの差別化ポイントはあったものの、消費者に対して新しさや違いを感じさせるほどではなかった。どちらも、それまでの製品ですでに採用されている技術だったからだ。また、グリップも、「ラバーフィン」という滑りにくい材質と形状に工夫されてはいたが、これもまた、違いをアピールできるほどのものではなかった。

つまり、「トリプルエッジ」は製品上の際立った差別化ポイントがなく、しかも三枚刃では後発である。三枚刃から素直に連想される「深剃り」というベネフィットも、すでに競合がアピールしていた。それでは、どこで差別化するのか。

U&A（製品への態度や使用状況を明らかにする調査）などの定量調査でわかっている消費者のニーズは、「よく剃れる」「スムーズに剃れる」「剃り残しがない」「肌荒れしない」「すばやく剃れる」などであった。

しかし、それらを「トリプルエッジ」のベネフィットにしようとした場合、どれも「なんか、どこかで聞いたことがある」「どのカミソリも、そういうことを言っている」といった消費者の反応が、グループ・インタビューで返ってきた。これでは、後発なのに「新しさ」を感じさせられないし、差別化もできない。まさに、八方ふさがりの状況だった。

だから、どの競合ブランドも言っていないような新しいベネフィットを見つけ出す必要があった。消費者自身も気付いていない、定量調査からは出てこないような、潜在的なニーズをとらえたベネフィットである。

それを、「理想的なカミソリとは、どんなよさ（ベネフィット）を持ったカミソリか」というテーマで、探り出していったのだ。

インサイトは、ひと剃り

第2章で紹介したように、さまざまなニーズと結び付く、中核となるインサイトは何かを探していった。今回のケースでいえば、「すばやく剃れる」「スムーズに剃れる」「肌荒れしない」といったニーズすべてにつながるものである。

そして、見つけ出したのが、「ひと剃りで、深剃りできる」という潜在的なニーズだった。これこそ、すべてのニーズを満たすベネフィットとなりうるキー・インサイトである。

「ひと剃り」で剃れれば、「すばやく剃れる」。何度も剃り直さないから、「肌荒れしない」。また、ひと剃りできれいに剃れるのだから、「剃り残しがない」。また、「スムーズな剃り心地」が味わえそうだし、「よく剃れそう」である。

さらには、「ひと剃りでスパーッと剃る」のは、何となく「男らしい」感じがする。ここからは、こわごわ剃っているような軟弱なイメージはない。

実際にこれらの連想が働くかどうかは、ポストカード調査でも確認している。「ひと剃り」というキーワードからどんな話題が広がっていくか、どんなよさが感じられるかを聞いていったのだ。

インサイトに基づいた、ひと言での差別化――これは「プロテクター」の成功から学び取った、まさにシックの財産である。

そして、この「ひと剃りで剃れるのが、理想のカミソリ」というインサイトは、そのまま「ワンストローク」（ひと剃り）というプロポジションとなった。それが、クリエイターへのブリーフ（どういうアイデアが必要かを話し合うセッション）につながった。優れたインサイトは、消費者と戦略と実施アイデアを貫くキモとなるのだ。

ここから開発された広告が、全身を「ひと剃り」で「スパーッ！」と剃っていくというテレビCMである（**図5―5**）。

イタリア人のタレント、ジローラモが、「スパーッ、すげぇよ！」と言いながら、ヒゲだけでなく、胸毛や腕の毛を次々と剃っていく。あまりによく剃れるので、調子に乗って、全身を剃ってしまうという誇張した表現だ。これにより、すごい剃り味とともに、「ひと剃り」を強烈に伝えている。

この「トリプルエッジ」でこれまでのような格闘家ではなく、ジローラモを選んだのは、「プロテクター」との差別化を図るためである。「プロテクター」が二〇代をターゲットにしているのに対し、「トリプルエッジ」は深剃りを求める三〇代がターゲットだ。また、ここでは「胸毛」が男らしさのシンボルとなっており、スパーッと胸毛を「男らしく剃ってくれる」タレントを選んだのだ。

図5-5 トリプルエッジ　テレビCM

「驚く男」編

シック
曲がる3枚刃
スパーッ すげぇ

ワンストロークで
深剃り
スパーッ すげぇ

スパーッ すげぇ

スパーッ すげぇ

スパーッ すげぇよ！
ワンストロークで
深剃り
シック・トリプルエッジ

このテレビCMは、「おもしろくて」「印象に残る」ことを目指していた。「プロテクター」で学んだように、消費者はカミソリという製品自体には関心が低いので、よほどインパクトがないと、CMを見てもらえないし、覚えてももらえない。だから、このCMが消費者の間で話題になったのは、うれしい結果だった。

その結果「トリプルエッジ」は、二〇〇二年三月に発売してわずか数カ月で（〇二年六月）、シェア一九％（男性用替刃式カミソリのホルダーでのシェア／シック調べ）を獲得。三枚刃のなかでシェア・トップに立った。

この市場では、ジレットの「マッハシンスリー」、貝印の「K―3」が先行していたにもかかわらず、また決定的な製品上の差別化がなかったにもかかわらず、「トリプルエッジ」は、三枚刃のカミソリでシェア・ナンバーワンに輝いたのである。

「ひと言」も進化する

このように、インサイトを見つけ出すことができれば、八方ふさがりの状況をも打開するチャンスが生まれる。消費者自身も気付いていないような潜在的なニーズをつかまえることで、いままでにないベネフィットを提供する「画期的な新製品」と思わせることができ、その新しさによって差別化できるのである。

しかし、「すげぇよ!」の広告を見て、あることに気付かれた方もいるだろう。それは、広告のアイデアを決定する段階で、かなり議論になったポイントである。

「スパーッ!」は、「ひと剃り」を表現するコピーになっているが、「すげぇよ!」は驚きの声であって、ベネフィットを言っているわけではないという点だ。しかも、「すげぇよ!」が、最も消費者の記憶に残るフレーズになっている。教科書的にいえば、一番印象に残すべきフレーズは、「ワンストロークで、深剃り」というコピーであるべきだ。

しかし、ここで「プロテクター」で学んだコミュニケーションについてのインサイトが活かされた。カミソリのような関心を持たれにくいカテゴリーでは、何かひと言でも覚えてもらうことが、何より大切なのだ。

覚えてもらえさえすれば、たとえベネフィットでなくても、この「すげぇよ!」はブランドの資産となりうる。「ワンストローク」は、全身をスパーッと剃るビジュアル(映像)で印象的に伝えているが、言葉として覚えてもらうには、メーカー・メッセージ(企業からのメッセージ)の度合いが強すぎる。

「ワンストローク」はやはり、消費者が使う言葉ではない。いくら理屈的にはベネフィットのほうが大事だとしても、消費者の記憶に残り、ブランドを思い起こさせるフレーズ(ブランド・キュー）にならなければ、その後のさまざまなマーケティング施策と連動させることができない。

だから、雑誌広告も、製品パッケージに貼るシールも、あえて「すげぇよ！」に統一したのである（図5―6）。特に、製品パッケージに貼るシールが、テレビCMの記憶と連動していることは何よりも重要だ。「トリプルエッジ」という正式のブランド名を、すぐに覚えてくれる消費者は少ないからだ。

図5-6 トリプルエッジ

雑誌広告

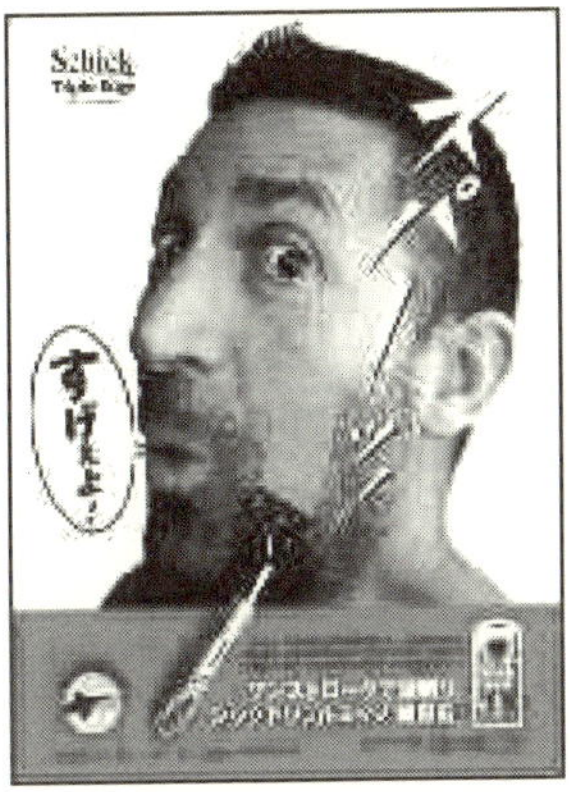

製品パッケージ添付シール

店頭に来た消費者が、製品パッケージに貼られたシールを見て、「ああ、これが『すげぇよ！』って言いながら剃ってたCMの製品か」「よく剃れそうだったなあ」と思い出してくれれば、「売り」に直結する計り知れない効果を生み出す。

このように、「プロテクター」で「キレてなーい」を使ってブランディングしたように、「トリプルエッジ」もブランド名だけに頼るのではなく、「すげぇよ！」を使ってブランディングしたということだ。

このように、シックは、画期的な製品を開発しながらも、製品を超えたところで動く消費者のインサイトを的確にとらえている。また、広告などのコミュニケーション活動も、製品自体にはあまり関心がないという消費者の態度を見据え、たったひと言でも記憶に残そう、という明確な方針を持っている。製品にどれだけ自信があっても、消費者がどう受け取るかを第一に考えているのだ。

ブランディングについても、シックは実に考え方が斬新だ。教科書のセオリーどおりにとらえるのではなく、カミソリというカテゴリーに即したブランディング方法を採っている。つまり、ブランド名を一方的に刷り込むのではなく、消費者が覚えている言葉や愛称をもとに、ブランディングを行っているのである。

これらは、すべて消費者の気持ち、つまりインサイトを優先したものだ。シックはアメリカの企業であるが、こういう考え方や活動があってこそ、日本の市場で長年にわたって六〇%以上というナンバーワン・シェアを維持することができるのである。

ヒゲをめぐる悲喜こもごも

最近、電気シェーバーよりカミソリを使う若者が増えている。

理由の1つに、ヒゲを生やす若者が増えたことが挙げられる。すっかり男性のファッションとして定着し、一種のメイク、もしくはアクセサリーともなっている。ヒゲを生やすと、電気シェーバーでは手入れがうまくいかない。余分なところに生えたヒゲだけを剃るには、カミソリのほうがずっと便利だ。

別の理由としては、若者のヒゲが薄くなってきていることが挙げられるだろう。なんと最近の若者のなかには、2、3日に1回剃るだけで十分という男性もいる。しかも、そのヒゲは産毛のように柔らかい。男性の中性化がいろいろなところで指摘されているが、こんなところにも表れているのだ。

ヒゲが柔らかすぎると、電気シェーバーのメッシュ（刃を覆う網目状のカバー）にヒゲがうまく入らないので剃りにくい。産毛ヒゲを剃るには、カミソリしかないのだ。

カミソリメーカーにとっては、電気シェーバーではなくカミソリを使ってくれる若者が増えるのは大歓迎。しかし、カミソリを使う頻度が少ないと、なかなか刃の剃り味が悪くならないので、替刃の購入頻度が上がらない。痛しかゆしだ。

若い男性にとっても、隣の芝（ヒゲ？）は青く見えるから困りものだ。ヒゲの薄い男性は「ヒゲを伸ばして男らしくなりたい」と言うし、濃い男性は「カッコ悪いから、ヒゲがなくなるぐらいツルツルにしたい」と言う。

ヒゲは濃くても薄くても悩みはつきないのだった。

終章

本書のまとめ

1 心のホット・ボタンを探せ

この本の締めくくりに、インサイトとは何か、その本質をおさらいしておこう。

インサイトは、消費者のホンネであり、心の奥底にあるホット・ボタンだ。そのホット・ボタンを押されると、消費者は態度を変え、思わず行動を起こす。それればかりか、長年の習慣を変えることさえある。だから、インサイトは、消費者に行動を起こさせる「スイッチ」だといえる。インサイトを探り出すということは、そのスイッチがどこにあるのかを明らかにすることだ。

消費者は、アタマで考えて行動を変えるわけではない。多くの場合が、気持ちを揺り動かされて、行動を変えるのだ。

たとえば、ハーゲンダッツは、「大人だって幸せに浸りたい」というインサイトをとらえることで、「アイスクリームは子供の食べ物」という思い込みを変え、大人がアイスクリームを食べるという新しい習慣をつくり出した。

このように、インサイトは消費者に行動を起こさせ、ときには新しい習慣をつくらせるほどの力を持っている。単にそのブランドや製品に共感を持ってもらったり、好きになってもらったりするだけではない。

インサイトはたった一つというわけではなく、いろいろなレベルでそれぞれのインサイトがある。まずは、ブランド全体の状況を打開するために、ブランディングで活用するインサイト。シックの例でいえば、「理想の男とは、たくましい男」というのは、ブランド全体がとらえているインサイトだ。

次に、広告、製品開発、流通、価格など、マーケティング活動ごとに活用できるインサイトがある。広告でいえば、カミソリは関心の低いカテゴリーだから、「（消費者は）おもしろいひと言ぐらいしか覚えない」といったインサイトである。

流通の例では、シリアルの売り場をお菓子の横からパンの横に変えて成功したのは、「（消費者は）売り場で商品のイメージや食べる場面まで連想する」というインサイトを見つけたからだ。

また、ブランドの傘の下にある、製品レベルでのインサイトもある。ハーゲンダッツの例でいえば、「グリーンティー」というフレーバーが活用したインサイトは、「消費者は、グリーンの色の濃さで、おいしさや品質の高さを感じている」というものだ。

そのとき、製品のインサイトと、ブランドのインサイトが矛盾してはいけない。海外から来た大人のアイスクリームであるハーゲンダッツの場合、ネーミングは「抹茶」ではなく、やはり「グリーンティー」でなければならなかったように。

ブランド・マネジャーはもちろんのこと、消費者を知る必要がある人はすべて、ブランド全体がとらえるインサイトと、各マーケティング活動、あるいは各製品がとらえるインサイトとの間で整合性が取れているかどうか、気をつけよう。

もちろん、どのレベルでも、消費者が行動を起こしたり、いままでの行動を変えたりするぐらいのホット・ボタンは何かを見つけ出すのが、何より肝心である。

プロポジションという解決策

インサイトが消費者の行動を変える、心のホット・ボタンだとしたら、そのボタンを押すのがプロポジション（消費者を口説く、ブランドや製品からの提案）である。このプロポジションは、インサイトと表裏をなす場合がほとんどだ。

シックのトリプルエッジでは、「ひと剃りで剃れるのが、理想のカミソリ」という潜在的なニーズを発見した。これがインサイトである。それをとらえたプロポジションは、ずばり「ひと剃り」(ワンストローク)となる。第3章で紹介したスキー・リゾートの例でいえば、インサイトは「クリスマスに行きたい。でも予約が取れない」というもの。それをとらえたプロポジションが「毎日がクリスマス」である。

このように、プロポジションは、インサイトに基づいて開発される。

みなさんはそれぞれのビジネスにおいて、ポジショニングという概念を日常的に使っているだろう。そのブランドや製品が、競合ブランド(あるいはカテゴリー)との関係のなかで、どういう位置を占めたいか、あるいは消費者からどういうブランドや製品だと見られたいか、というゴールを設定するものだ。

戦略とは、そのゴールを達成するために、実際にどういった活動をどのように展開していくか、ということだ。具体的な施策が見えてこなければ、単なる机上の空論になってしまう。その解決策を消費者理解から導き出そうというのが、インサイトの考え方だ。そして、その戦略上の答え(解決策)が、プロポジション(消費者を口説く提案)である。

それでは、なぜポジショニングという考え方だけでは、解決策にならないのだろう。たしかに、ポジショニングによって、パーセプション・ゴール(消費者に思ってほしいこと)を設定することができる。また、ポジショニングのなかで、そのブランドや製品のベネフィットを定義することも欠かせないだろう。

しかし、それが消費者にとって、振り向くほどのインパクトはない場合もある。すでにほかの製品がアピールしていることだったり、消費者にとってはそれほど画期的と感じないものだったりすることも多い。

だから、ベネフィットを中心としたポジショニング設定だけでは、実際にどんな手を打てばよいのか見えないことが往々にしてある。そのとき、その解決策となるのが、プロポジションであり、そのもとになるインサイトなのだ。

たとえば、ハーゲンダッツの個々のフレーバー（製品）で考えてみよう。その究極のポジショニング（ベネフィット）は、「おいしい」ということに尽きるだろう。どのフレーバーも、おいしいと思ってもらいたいわけだ。しかし、いくら企業側が「おいしいですよ」と言ったところで、消費者にそう思ってもらえるわけではない。ここが、肝心だ。

だから、何をアピールすれば（プロポジションとして提案すれば）、おいしそうだと思ってもらえるのか、そのためにはどういう消費者の気持ち（インサイト）を活用できるかを見つけ出すわけだ。

ハーゲンダッツの「カスタードプディング」というフレーバーの場合を考えてみよう。消費者にどう思われたいかというと、ほかのフレーバーと同様、「おいしそう。食べてみたい」と思ってもらえたらベストである。そのためには、どうすればいいのか。何を伝えれば、消費者にそう思ってもらえるのか。

この場合、消費者の「パティシエがつくったプディングは、大人向けの本格的なおいしさ。子供向けのプリンとは違う」という気持ちがインサイトだった。そこから導き出されたプロポジションが、「パティシエのプディング」である。

これは、製品のベネフィットである「おいしい」ということを、ストレートにアピールしているわけではない。しかし、「パティシエのプディング」というイメージから、「おいしそう」というベネフィットを感じてもらうのである。

同じように、「グリーンティー」の場合では、「グリーンの色の濃さから、おいしさと品質を感じる」という、消費者がすでに感じている気持ちをインサイトとして活用した。そして「濃いグリーン」というプロポジションによって、抹茶がふんだんでおいしそうだというベネフィットを感じてもらうことに成功した。

このように、おいしいというベネフィットを感じさせるために何を提案するか、どう消費者を口説くかがプロポジションである。そのために、消費者が意識している、していないにかかわらず、深く心の底で持っている気持ちを活用すること。それが、インサイトの考え方だ。

ポジショニング（パーセプション・ゴール）：どう思ってほしいのか
↑　↓
プロポジション（消費者への提案）：そう思ってもらうために、どうするか
↑　↓
インサイト（消費者が持っている気持ち）：消費者のどういう気持ちを活用できるか

インサイトと、それに基づいたプロポジションは、戦略上の答えを出す。たとえ閉塞した状況であっても、その壁を打ち破り、思いがけないほどの売上げ増大の機会と利益をもたらすのだ。

ブランディングと短期的な売上げの両立

インサイトとプロポジションはまた、ブランディングのジレンマを解決する。

ブランドが利益をもたらすこと、ブランディングが大切なことは、ほとんどの人が知っている。確立された強いブランドは、競合との差別化となり、そのブランドのファンをつくり出す。

しかし、強いブランドをつくり上げるには時間がかかるから、ブランディングを始めても、

すぐには結果が出ないと感じている人が多いのも事実だろう。ブランディングが大事なのはわかるが、すぐに売上げを伸ばせなければ、肝心の商品が店頭から消えてしまう。だから、長期的なブランディングと短期的な売上げのどちらかを優先するかといった議論が起きてしまう。

ここに、現実問題としての、ブランディングの難しさ、ジレンマがある。ブランドがいったんでき上がってしまえば、売上げもついてくる。しかし大変なのは、まったく新しくブランディングを始めるとき、たとえば新しいブランドを立ち上げたり、問題のあるブランドを改めて構築し直したりするとき、どうすれば短期的にも売上げを伸ばせるのかだ。

その解決策となるのが、インサイトであり、プロポジションである。

インサイトというホット・ボタンを押すようにブランディングを行えば、立ち上げたときからすぐに売上げも伸ばすことができる。つまり、インサイトに基づいたブランドのプロポジションを核にして、ブランディングをすればいいのだ。

これまでに成功例として取り上げたブランドは、いずれもブランディングを始めると同時に売上げも伸ばしてきた。ハーゲンダッツは、毎年高い成長率を達成してきたし、シックのトリプルエッジは、ブランドを立ち上げてわずか数カ月で、二〇パーセント近いシェアを獲得した。どちらも、ブランディングの核となるプロポジションが、消費者のホット・ボタンを押してきたからだ。

このように、インサイトを見つけ出せれば、短期的な売上げを伸ばしながら、ブランドをつくっていくことができるのである。

2 実践こそ、すべて

アメリカでは、インサイトを見つけ出すことだけに特化した企業も生まれていると聞く。優れたインサイトはお金を出してでも手に入れたい、企業に莫大な利益をもたらすものと認識されている証しである。

もちろん、読者のみなさんは、これまでも「消費者を理解する」ことを実践し、ビジネスに活かしてこられたと思う。しかしこの機会に、ぜひ、現在担当しているプロジェクトでインサイトの考え方を実践してみてほしい。そのプロジェクトのキー・インサイトは何か、いま一度確認していただきたい。

私の経験では、インサイトの考え方を取り入れたことで、以前とはずいぶんと変わった。漠然と「消費者を理解すべき」と考えていた頃よりも、はっきりと「インサイトは何か」と意識するようになってからのほうが、成功する確率は格段にアップした。

同じことを考えているようでも、その違いは大きい。曖昧さがなくなり、本当にこの消費者の気持ちが、購買に結び付くホット・ボタンなのかどうか、ということをはっきりと確認できるようになったからだ。

そして、発見したインサイトから、画期的なプロポジションやマーケティング活動案が生まれるかどうかを見極めるようになったからである。

この本をきっかけに、インサイトを見つけ出すのはおもしろそうだ、ビジネスに使えそうだと思っていただけたなら、こんなに嬉しいことはない。

最後にもう一度、40ページの「インサイトを見つけるためのスイッチ」を見直してみてほしい。この本を読む前と読んだあとで、何か変化はあっただろうか。ふにゃふにゃした気持ちに切り替えることはできただろうか。いまでも仕事アタマのまま、眉間にシワが寄った状態だったとしたら、この本はみなさんのインサイトをとらえられなかったということになる。

プレゼンテーションでも、会議でも、たいていはお話ししたあとで質疑応答やディスカッションの時間がある。本の場合、その機会がないのが残念でならない。インサイトについて、さまざまな意見を交換し合えたら、どんなに素晴らしいことだろう。

おわりに

最後に、インサイトを通すためのスキルをご紹介しよう。「インサイト・マスター」（インサイトの達人）になるためには、インサイトを見つけ出したり、戦略にまとめたりできるだけでは十分ではない。実際のマーケティング活動に移すまでには、さまざまな人々を味方に付ける必要があるからだ。消費者の心を動かす前に、トップ・マネジメントや関係部署の仕事仲間の心を動かさなければならない。

関係者をワクワクさせ、やってみようという気にさせるぐらい「おもしろい」インサイトを見つけるのが前提だが、それをおもしろいと感じさせ、納得させるスキルがやはり必要となる。いくら、いいインサイトと戦略があっても、説得しリードしていくスキルがなければ、実現までたどりつけない。では、インサイトを通すためには、どんなスキルが必要だろうか。

これらはすべて、私自身が日々の悪戦苦闘のなかで必要と感じ、いつも心がけていることでもある。

ミーティングや会議を「仕切る」力

会議のとき、状況を一変できるような新しい視点、できればそれをおもしろく（興味を引くように）表現した「キーワード」を持つように心がけている。行き詰まった会議を打開するきっかけになるし、とんでもない間違った方向に大勢が決しようとしている場面で、流れを一変させる切り札になるからだ。

そのためには、大事な会議の前に相当の準備をしておくことが大切だ。たとえ自分が発表者ではなくても、何を言うかを前もって考えておく。また、会議の流れがこんな方向に行ったら自分はこう切り出そう、といったように、あらかじめ対応策を含めてシミュレーションをしておこう。

「論理的にまとめる」力

いくらインサイトがユニークでも、それを納得させられるだけの理屈がなければ、ただの独りよがりだと思われてしまう。きちんと書類にまとめ上げるのはもちろんのこと、会議でも論理的に相手を説得できなければ、それまでの苦労は水の泡となる。

そのためには——インサイトの考え方とは相反するように聞こえるかもしれないが——やはり「数字に強い」ことも大切だ。

トップ・マネジメントも含めて、決定権のある人は主だった数字を把握しているだろうし、それとの整合性が取れているかどうかを確認しようとする。インサイトがその数字と相反するような場合は、そのインサイトが本当に正しいかどうか前もって自分でチェックしておくべきだし、インサイトがなぜ定量調査の結果と相反するのかをきちんと説明できるように準備しておかなければならない。

これまで繰り返し述べてきたが、けっして定量データを分析してインサイトを見つけ出すわけではない。見つけたインサイトを定量データと照らし合わせて検証するということである。

「プレゼンテーション」力

プレゼンテーションは、アカウント・プランナーにとっての晴れ舞台である。自分が（もちろん、自分一人の成果ではないが）見つけたインサイト、それに基づいて開発した戦略やプランを発表できる、ここ一番の場だ。

プレゼンテーションでは、あれやこれや話しすぎて散漫にならないよう、気を付けてほしい。ゴールは、一つだけ。このインサイトに納得してもらう、このプロポジションを通す、といったゴールを決めて、すべての話をその一点に集中させている。

そして、どんな複雑な状況でも、戦略は、書類やパワーポイントなしでも三分以内で話せるように心がけておこう。話している途中でパソコンがフリーズすることもあるし、トップ・マネジメントが廊下ですれ違いざまに聞いてくることもある。だから、ちょっとした立ち話でも説明できるぐらい、要点をコンパクトにまとめておくことが大切だ。具体的には、インサイトとプロポジションの二点に絞って話をすることだ。

プレゼンテーションは、シンプルでわかりやすく、筋が通っていることが大切だが、できれば、ひと言だけでも聞き手の記憶に残るようにしよう。

それは、プロジェクトがいったんスタートすれば、戦略は手の届かないところにまで広がっていくからだ。各部門が実際の行動に移していくことを考えると、たとえどんなにわかりやすい戦略であっても、心に残るキーワードがなければ内容がずれていってしまう。伝言ゲームをするのに、あれこれと何分も説明しなくてはならないものでは、うまく伝わらないだろう。だから「ひと言」が大切なのだ。

たとえば、シックの「トリプルエッジ」の場合は、「ワンストローク」だった。みんなが一瞬で理解できるキーワードは、旗印となって組織の力を結集する。

「熱意」の力

インサイトやプランを通すとき、最後にものをいうのは熱意である。粘り強く、まわりを説得するには、熱意が必要だ。別に「熱く語る」ということではなく、このインサイトやプランを採用することが、ビジネスを成功させることになるという確信を持ち、それを誠実に伝えることである。

確信といっても、けっして思い込みや根拠のない信念ではない。もっといいプランが出てくれば、いつでもそれを受け入れる柔軟性も持っていなくてはならない。

何より大切なのは、自分のプランに自信を持ち、実現するのだという熱意を持つことである。そして、結果に責任を持つことだ。

いくら発想がユニークでよくできたプランでも、熱意がなければ通すのは難しい。トップ・マネジメントも人なら、一緒に仕事をする仲間も人だ。理屈だけで決めたり行動したりしない。人が決断し動くのは「信じてやってみよう」という気持ちになったときだ。

最後に、この本に関わる大勢の方々に、お礼を申し上げたいと思う。

アカウント・プランナーは、けっして一人でできる仕事ではない。クライアントのマーケティング部の方々、トンプソンでチームを組んできたクリエイティブやアカウント・マネジメントなどの仲間がいて、初めてプランを実行に移せる。

勢い余って失礼があっても、話を聞いてくださるクライアントの方々。いい広告をつくるためには、どんなことがあっても信頼関係が壊れることのない仕事仲間。本当に、私にとっては宝物のような人たちだ。こういう人たちのおかげで、この本は出来上がったのだと思う。

そして、インサイトとは何か、アカウント・プランナーとは何か、私の目を開かせてくれた宇佐美清氏。私の直属の上司であり、私が最も尊敬するアカウント・プランナーのマーティン・カラファ氏。彼がいなかったら、きっと私はこの本を書けなかっただろう。

また、マーケティングの基礎を私に叩き込んでくれた、大倉光雄氏、馬場成樹氏。

そして、出版のきっかけをつくり、応援し続けてくれた小泉保氏。

ダイヤモンド社の、御立英史氏、伊藤憲一氏、岩佐文夫氏、前澤ひろみ氏。

最後に、私のよきパートナーであり、さまざまな面で私を支えてくれた和子に、感謝の意を表したい。

二〇〇五年一月

桶谷　功

CA：Todd Klein

クリスピーサンド「カプチーノ」製品広告「カプ！チーノ」編

広告代理店：J. ウォルター・トンプソン・ジャパン
企画：大島亜佐子／斎藤薫／守屋和子
CD：大島亜佐子
AD：斎藤薫
CW：守屋和子
AP：桶谷功
AM：Johan Shabudin／井上伸一郎／山口恵理香／北嶋ゆきえ
CA：宮原康弘

シック

プロテクター 3Dダイア「パンサー」編

広告代理店：J. ウォルター・トンプソン・ジャパン
企画：佐藤章／西脇一成／マンジョット・ベティ
CD+CW：佐藤章
AD：西脇一成
AM：ロン・クローミー／横山保／神戸長久／下野ラファエル
制作会社：TYO
DIR：マンジョット・ベティ
CA：山岡昌史

プロテクター 3Dダイア ブルーメタル「対峙」編

広告代理店：J. ウォルター・トンプソン・ジャパン
企画：佐藤章／西脇一成／新開宏明
CD+CW：佐藤章
AD：新開宏明
AP：桶谷功／Martin Karaffa
AM：藤井明／三浦良泰／下野ラファエル
制作会社：モンスターフィルムス+TYO
DIR：平田みつを（TYO）
CA：山岡昌史（TYO）
CG：安岡憲一

トリプルエッジ「驚く男」編

広告代理店：J. ウォルター・トンプソン・ジャパン
企画：佐藤章／西脇一成／新開宏明
CD+CW：佐藤章
ACD：西脇一成
AD：新開宏明
AP：桶谷功／Martin Karaffa
AM：藤井明／三浦良泰／下野ラファエル
制作会社：TYO
DIR：平田みつを（TYO）
CA：山岡昌史（TYO）

AP：桶谷功／片岡真理子
AM：持田幹夫／森喜啓一／井上伸一郎／湯浅康彦／吉田稔／佐々木庸子
制作会社：Peter Elliott Productions, Inc.
DIR＋CA：Peter Elliott
CG：Filmworkers

ドルセ・デ・レチェ　製品広告
「カーニバル」編

広告代理店：J. ウォルター・トンプソン・ジャパン
企画：関橋英作／村井利江／鈴木佳久
CD：関橋英作
AD：鈴木佳久
CW：村井利江
AP：桶谷功
AM：Johan Shabudin／井上伸一郎／吉田稔／佐々木庸子
制作会社：ファーストフィルム／Bulldog Films
DIR：Jose Maria de Obre
CA：Phillip Welt
(Director of Photography)

メープルウォールナッツ 製品広告
「森の中へ」編

広告代理店：J. ウォルター・トンプソン・ジャパン
企画＋CD＋AD：会沢静
CW：村井利江
AP：桶谷功
AM：Johan Shabudin／井上伸一郎／山口恵理香／北嶋ゆきえ
制作会社：naked PROJECT
DIR：Pierluca de Carlo
CA：Leo Kocking (Tabletop)／Joseph Yacoe (Live)

カスタードプディング 製品広告
「メイド・イン・キッチン」編

広告代理店：J. ウォルター・トンプソン・ジャパン
企画：会沢静／吉田広絵／薄井みどり
CD：会沢静
AD：会沢静／吉田広絵
CW：薄井みどり
AP：久保かほり／桶谷功／Martin Karaffa
AM：持田幹夫／井上伸一郎／山口恵理香／大西向自
制作会社：ファーストフィルム
DIR＋CA：Charlie Stebbings

クリスピーサンド「キャラメル」製品広告
「音までおいしい」編

広告代理店：J. ウォルター・トンプソン・ジャパン
企画：大島亜佐子／斎藤薫／守屋和子
CD：大島亜佐子
AD：斎藤薫
CW：守屋和子
AP：桶谷功／Martin Karaffa
AM：Johan Shabudin／井上伸一郎／吉田稔／佐々木庸子
制作会社：Wild Brain
DIR：Jeff Jankens

広告作品クレジット

クレジット中の略号

CD：クリエイティブ・ディレクター
ACD：アソシエイト・クリエイティブ・ディレクター
CW：コピーライター
AD：アートディレクター
AP：アカウント・プランナー
AM：アカウント・マネジメント
DIR：ディレクター
CA：カメラマン
CG：コンピューター・グラフィックス

ハーゲンダッツ

ブランド広告
「バス」編、「ベッド」編

広告代理店：J. ウォルター・トンプソン・ジャパン
CD：Peter Hughes
CW：関橋英作
AP：大倉光雄／和田有子
AM：持田幹夫／菅原智子／仲條恭平
制作会社：RSA+TYO
DIR：Chris Hartwill
CA：Phil Meheux

クオリティ広告
「ナンバー・キャンペーン」

広告代理店：J. ウォルター・トンプソン・ジャパン
CD+CW：関橋英作
AD：野村孝司
CA：宮原康弘

ブランド広告
「ルーフ」編

広告代理店：J. ウォルター・トンプソン・ジャパン
企画：関橋英作／野村孝司／半谷真理
CD+CW：関橋英作
AD：野村孝司
AP：和田有子
AM：森喜啓一／横山保／柳沢康信
制作会社：P.A.C
DIR：Jean-Paul Goude
CA：Jerard Sterin

グリーンティー 製品広告
「グリーンロード」編

広告代理店：J. ウォルター・トンプソン・ジャパン
企画：会沢静
CD：関橋英作
AD：会沢静
CW：鮎沢文子

参考文献

- ジョン・スティール著、丹治清子、牧口征弘、大久保智子訳『アカウント・プランニングが広告を変える――消費者をめぐる嘘と真実』ダイヤモンド社、2000年
- 小林保彦著「コンシューマーインサイトへの道――アカウントプランニング序論」『青山経営論集』第36巻第1号、2001年7月
- 小林保彦編著『アカウントプランニング思考』日経広告研究所／日本経済新聞社、2004年
- 植田正也著『2005年の広告会社――ニューヨークから東京へ』日新報道、2002年
- 和田秀樹著『痛快！ 心理学 ハンディ版』、集英社インターナショナル、2003年
- 久能徹、松本桂樹監修『図解雑学 心理学入門』ナツメ社、2000年
- アラン・ピーズ、バーバラ・ピーズ著、藤井留美訳『話を聞かない男、地図が読めない女――男脳・女脳が「謎」を解く』主婦の友社、2000年
- アラン・ピーズ、バーバラ・ピーズ著、藤井留美訳『嘘つき男と泣き虫女』主婦の友社、2003年

[著者]

桶谷 功（おけたに・いさお）

1960年、京都生まれ。1983年、京都市立芸術大学美術学部卒業後、大日本印刷に入社。パッケージ企画センターで、パッケージ・デザインのディレクションを担当。食品ラップの仕事では、ラップがまとわりつかないよう、カッターをV字型にしたパッケージを開発。

その後、いいクリエイティブを開発するためには戦略が重要と思い至り、1989年、J.ウォルター・トンプソン・ジャパンに入社、戦略プランニング局に勤務。以降、クリエイティブと戦略の両方の経験を生かし、アカウント・プランナーとしてブランド・コミュニケーション戦略の開発に携わる。現在アカウント・プランニング・ディレクター。

世界の秘境を旅するのが好き。アフリカ、南米諸国など21カ国を歩く。道のひかれていない荒野に足を踏み出す醍醐味、いろいろな人々とコミュニケーションする楽しさは、仕事とも重なる部分がある。

著書に『インサイト実践トレーニング』（ダイヤモンド社）がある。

ホームページ：http://insightmaster.jp
公式ブログ：http://insightmaster.jp/blog
JWTホームページ：http://www.jwt.co.jp

インサイト
消費者が思わず動く、心のホット・ボタン

2005年2月17日　第1刷発行
2014年6月17日　第6刷発行

著　者——桶谷 功
発行所——ダイヤモンド社
〒150-8409　東京都渋谷区神宮前6-12-17
http://www.diamond.co.jp/
電話／03·5778·7232（編集）　03·5778·7240（販売）
装丁————竹内雄二
装画————添田あき
製作進行——ダイヤモンド・グラフィック社
印刷————八光印刷（本文）・慶昌堂印刷（カバー）
製本————ブックアート
編集担当——前澤ひろみ

ISBN 4-478-50244-7